아 파 트
투 자 로
잃은 미소
땅 에 서
찾 아 라

아 파 트
투 자 로
잃은 미소
땅 에 서
찾 아 라

김현기 지음

프로방스

머리말

하우스푸어시대는 존재할 수 있지만 랜드푸어시대는 존재할 수 없는 세상이다. 그러한 구도로 계속 흐를 것이다. 아파트 미분양시대서 벗어날 기미조차 없는 지금의 형국에서 말이다.

집의 소중함이 사라진 마당에 여전히 거래량과 무관하게 꾸준한 상승세를 보이는 땅이 다양한 모습으로 우리를 향해 손짓하고 있다. 전원생활이나 귀농 및 귀촌시대, 웰빙시대에 걸 맞는 풍광을 즐겨 볼 수 있다. 전원주택용 땅의 공급과 수요가 부동산 불경기에서 다양한 모습으로 활발하게 활동 중이다.

대한민국의 땅 주인은 약30%. 집주인의 경우, 서울이 50% 안팎을 유지하고 있다. 100%를 육박하는 지방의 경우와 대조적인 양상을 보인다. 농가주택과 폐가가 많은 오지의 경우는 110%를 상회하는 중이다. 아니, 그 이상일 것으로 추정한다. 오지 중의 오지는 조사할 자료와 재료, 이슈가 없으니 말이다. 명목이 없는 것이다. 조사대상서조차 제외되는 게 현실.

문제는, 집주인 중엔 빚 얻어 내 집 마련을 한 자가 대다수를 차지하고 있다는 사실이다.

그렇지만 땅 주인 중 빚 얻어 내 땅을 마련한 자는 극히 드물다. 간혹 기획부동산의 꼬임에 넘어가 빚 얻어 땅 산 경우는 있지만 말이다.

집주인이 줄면서 땅 주인이 자연스럽게 늘고 있다.

집주인 줄고 땅 주인 느는 현상을 당분간, 아니 계속 볼 수 있을 것이다.

하우스푸어시대(≒아파트 미분양시대)에 사는 젊은 층의 내 집 마련에 관한 사고와 개념이 예전과 많이 달라지고 있다. 이는 땅이나 도시형생활주택 등에 관심을 갖게 되는 근본 원인이 되는 것이다. 특히 땅으로 소액 투자하겠다는 의지가 강한 상태다. 필자에게 문의하는 투자예정자들의 연령대는 30대가 제일 많다. 그 다음은 40대 초반이 차지하고 있다. 이들은 내 집에 관한 중요성을 그다지 높게 잡지 않고 있다. 집 가치를 애써 다운시키려 든다.

과거, 아파트는 노후를 설계할 수 있을 정도로 수익형부동산으로서 자격이 충분했지만 지금은 상황이 딴판이다. 집의 중요성을 상실한 것이다. 집에 관해 투자의 기대심리가 실 거주의 사고를 아직까지도 압도한 상황이니 말이다. 이는 사는(매입) 목적보다 사는(거주) 목적이 더 귀중하다는 방증이다.

사람으로 치면 활용성을 말하는 것이다. 지금 당장 활용할 가치가 없다면 미래의 가치가 없다는 생각. 예를 들어, 한 기업서 직원을 채용할 때 지금 현재의 상태를 통해 미래의 잠재력을 체크하는 것이다. 지금 당장 불필요한 직원을 뽑아서 뭐하겠는가. 회사 차원서 인력낭비의 낭패만 보게 되는 것이다.

마찬가지의 차원서 본다면, 땅(부동산)의 매입의 사고를 바로 잡아야 하는 것이다. 당장의 활용가치가 없는 부동산을 사서 뭐하겠는가. 현재의 상황을 통해 미래의 부동산의 잠재력을 정독하는 것이 아주 중요한 것이다.

경제활동인구의 땅에 관한 깊은 고민과 연구가 계속되고 있지만 아직은 겁먹기 일쑤다.

우리 주위에 아직까지도 살인적인 폭리를 취하는 기획부동산이 기생을 하고 있기 때문이다. 피해자가 여전히 많다. 속출하고 있다.

그렇지만 구더기 무서워 장 못 담그랴, 하고 젊은 사람들은 젊음의 열정과 패기로, 그리고 신선한 사고로 땅을 접근한다.

아파트에 투자할, 아니 매입할 돈으로 땅을 선점해 차후에 전원주택을 지어 안락한 전원생활을 하겠다는 의중이 강하다고 볼 수 있겠다. 이러한 일련의 과정을 통해 지금은 아니겠지만 차후, 전원주택도 부동산 투자종목으로 자리매김할지도 모를 일이다.

즉, 집주인보다 땅주인이 일단 많아질 것으로 필자는 기대하는 것이다.

집의 소중함을 과거와 같은 차원으로 생각하지만, 이는 50%도 채 안 되는 일부 집주인의 과욕과 사고. 강남3구 지역의 집주인들을 말하는 것이다.

그 외의 집주인들은 하우스푸어로 치부 받는다. 땅 거래량과 상승률에 비할 바가 못 된다.

아파트 미분양시대에 땅 미분양시대는 없는 법이다.

참살이 시대에 맞는 구도를 걷는 것이 현명한 행동.

아파트를 참살이 용으로 활용하기는 힘들다. 아파트 앞에 전답이 널브러져 있다고 해서 전원형 아파트 운운하기는 좀 무리수가 있다. 아파트 베란다에 텃밭 가꾸기 역시 무리다. 1층 화단에 고추심고 상추 심는다고 참살이라고 하기는 좀 억지 성이 들어가 있다.

허나, 내가 1마지기(300평) 밭이나 그 이하의 평수의 땅을 보유한다면 우선 참살이의 모토를 마련한 것이다. 농지전용을 통해 작은 집을 짓고 나머지 땅에다 작은 농사를 지으며 자급자족의 경제의 길이 열리는 것이다. 귀농생활의 시작이요, 실천인 셈이다.

아파트에 들일 돈의 절반 수위로 참살이 생활을 할 수 있으니 땅으로 발길을 과감히 옮기는 여러분이 되었으면 한다.

잠자는 거인보다 깨어 있는 난쟁이의 모습을 보여야 할 때가 지금이라 본다.

부동산의 미거래 현상이 장기간 이어지고 있다는 것은 잠자는 거인 즉, 게으르면서 욕심 많은 사람이 많다는 증거이다. 손 안 대고 코 풀 수는 절대 없다.

움직이자.

수도권에 사는 분들은 경기권역에 괜찮다 싶은 접근성 좋은 땅을 잡아 움직이는 한해가 되었으면 한다. 지방분들은 인근 지역을 주도면밀하게 체크한다.

이 책 부록에 개발예정지 위치를 체크해놓았으니 해당 지자체의 '정보공개시스템' 담당자를 만나거나 민원을 신청해 내 스스로 알아보도록 하자.

모쪼록 이 책을 통해 땅에 대한 강한 주관과 철학을 갖고 부지런히 움직이는 여러분이 되길 바란다.

김 현 기

차례

1.

부동산의
기본요소와
변수의 작용

○1 부동산 가격이 **비싼** 이유

● 가격분석 하는 자와 가치분석 하는 자

부동산은 가치다. 가치는 가격의 작용 및 반작용의 법칙을 준용하려 애쓴다. 하수는 가격에 예민하나, 고수는 가치 분석에 집중력을 보인다.

· 하수 : 가치분석보다 가격분석에 아주 예민하다. 우물에서 숭늉을 찾는 꼴이다.
· 고수 : 가격분석을 따지기 전에 가치분석을 정밀하게 따진다.

가치의 종류는 다양하지만 가격은 한계선과 마주친다.
왜? 여유자금은 한계선이 있기 때문.
그러나 가치 즉, 개발에 관한 계획에 대하여 반대, 반기를 드는 사람은 없는 법이다. 타고난 잠재성과 잠재력을 믿는다. 가치는 개발사항이지만 가격은 개발사항이 아니다. 가치에 따라 가격이 결정되기 때문이다. 가치를 거치지 않은 가격은 가격이라 볼 수 없다.

● 부동산 책의 활용도

부동산 책의 종류를 크게 나눌 수 있다. 법률과 규칙을 모아 놓은 책과, 단행본이 그것.

전자는 '상수(=법) > 변수(=투자법)'라는 부동의 부등호를 말하는 것으로 약속사항이 많다. 예를 들어, 공인중개사 시험과목(공법, 공시법, 세법 등)을 말하는 것이다. 후자는 '상수 < 변수'의 부등호를 말한다. 변화무쌍한 부동산 시장을 대변하려 노력하는 행태이다.

상수(constant)의 책에는 투자에 관한 노하우가 없다. 철학이 빠져 있다. 변수에는 부동산에 관한 각 개인의 철학이 들어가 있다. 왕도가 제각각이라 그게 문제점으로 지적된다.

투자자가 부동산을 자신의 것으로 만들지 못하면 위험에 빠질 수도 있다.

상수는 객관적이나, 변수는 지극히 주관적이다. 초보자에게 가장 시급히 필요한 것은 상수 즉, 부동산에 관한 법률과 규칙을 공부하는 것이다. 이를 무사히 통과한 후 변수에 관한 내역이 나열되어진 단행본을 정독한다. 그래야 실수와 실패를 줄일 수 있는 것이다.

단행본으로부터 투자법을 익히면 헷갈린다. 절차와 순서가 잘못되었으니 머리에 혼돈이 올 수밖에 없는 것이다. 첫 단추가 중요하다.

초보자가 무조건 대박에 관한 내용이 들어간 단행본을 본다면 큰 실수를 저지를 것이다.

● 불편한 조화

부동산의 주위 환경을 둘러보면 불편한 조화의 현장을 심심치 않게 발견할 수 있다.

- 절(卍)과 산(山) – 잘 어울린다. 합당한 그림으로 조화로워 보인다. 한 폭의 수채화다. (역사가 깊은 절 – 문화재급)
- 교회와 산 – 조금 어색한 분위기다. 마치 갓 쓰고 오토바이 운전하는 모습과 같다. 경기도 일부지역에서 악산을 흉물스럽게 깎아 만든 교회를 목격한 적이 있다.
- 주택가의 절의 모양새 – 어색한 분위기다. 철학관 수위. 마치 남탕에 여성이 급습한 현장의 모습 같다.
- 주택가와 교회 – 잘 어울릴 수 있다. 정상적인 모습이다.

과거, 절은 산속에 있었다. 문민정부시절이 들어서면서 산속의 절들이 대거 주택가로 내려오기 시작했다. 민주화를 갈망하는 과정서, 문민의 정부가 들어서면서 산속의 절이 본격적으로 주택가에 들어서기 시작한 것이다. '자유'의 표현, 자유를 만끽하는 과정 중의 일부라고 해석하는 분도 있다.

허나, 분명 불편한 진실(사실)이 숨어 있다. 수유역8번 출구 인근서 2인1조가 되어 길 가는 사람을 붙잡고 '복'이 많이 생기셨습니다, 하고 영업하는 사람들을 따라가 보면 주택가의 절로 들어가는 것을 볼 수 있다.

이렇게 사이비가 판치는 세상. 절의 아주 부조화를 크게 느끼는 이유 중 하나다.

🟢 부동산 불황의 원인 제공은 사람

사람과 부동산 사이엔 항시 불황과 호황이 존재한다. 공영공존은 안 된다. 극과 극의 선을 긋기 때문이다. 호황일 때가 있는가 하면 불황일 때가 있는 것이다. 영원한 호황은 없다.

그리고 영원한 붕괴는 없다. 그러나 강력한 풍선효력을 본다. 아파트가 죽자 땅이 뜬다는 소문이 그 좋은 실례.

아파트가 죽상일 때 원룸시장은 대박 맛을 본다. 호황 속의 불황, 불황 속의 호황인 셈이다.

■ 사람과 부동산

차이가 있는가 하면 공통적인 면도 있다.

• 사람 – 늙었다고 무시당할 수 있다. 냄새난다고 무시당할 수 있다. 그러나 태어난 아이는 축하의 대상이다.
• 부동산 – 오래되었다고 무시당하는 일은 없다. 그리고 신축 부동산 즉, 새 부동산이 꼭 축하 받을 대상은 아니다.
  예) 미분양아파트와 준공 후 미입주아파트 (= 악성미분양아파트)

부동산은 오래 되거나(예. 재개발, 재건축 대상), 태어나자마자 애물단지 되는 경우도 있다.

부동산 장기불황의 원인이기도 하다. 부동산 불황의 원인 제공은 사람이다. 부동산 불황은 사람들이 만들어 놓은 화(火)이다. 필요할 때(100% 실

활용, 투자목적 0%) 매입하는 습관에 길들여져야 한다. 단, 매도의 필요성
은 성격이 좀 다르다. 매도 시에는 매수자를 필요로 하고 매수는 매도물
이 필요하다.

허나, 매수는 신축부동산이 있기 때문에 공급물량 부족현상은 좀처럼
일어나지 않는다. 매수와 매도의 의미는 색깔이 다르다.

🟢 부동산 가격이 비싼 이유

좁은 면적에 비해 인구가 많아 인구밀도가 매우 높은 우리나라.

그러나 10만148㎢에 5천만 명이 꾸역꾸역 들어찬 모습이라고 생각이
되겠지만 수도권(서울, 경기, 인천)에 절반이 몰려 있어 대한민국 전체가 인
구밀도가 높은 게 아니라 실지로는 수도권의 인구밀도가 높은 것이다.

특히, 서울은 답답하고 숨이 터질 것 같은 높은 인구밀도를 보인다. 밀
도는 갈수록 높아지고 있는 형국. 일본인, 중국인의 관광인구에 다문화
가정(고정인구)의 급증에 더욱더 답답함을 가중시킨다. 서울이 이 모양이
니 부동산 거래성적표가 안 좋은 가운데서도 여전히 부동산 가격은 비싼
거다. 서울의 부동산 가격이 우리나라 부동산 가치를 대변한 꼴이 되고
있는 것이다.

문제는, 비좁은 면적에 64%가 산지라는 사실과 농지(과수원, 전답)가
20% 가량 차지한다는 것. 상대적으로 상업지역이 비좁아, 안전한 개발지
역이 부족할 수밖에 없다. 개발완료토지든 개발예정토지든 불안한 지역
이 많다. 상업지역 외지역 말이다. 상업지역의 힘을 받지 못한다면 의외

성이 나타나기 쉽다는 의미다.

더욱이 2012년 8월부터는 만약, 한 획지 내 상업지와 주거지가 혼용되어 있을 때 상업지 면적이 주거지보다 넓다면 용도의 변환을 상업지에 우선권이 주어진다.

• **수도권 땅이, 부동산 가격이 지방보다 비싼 이유** - 인구의 차이와 인구밀도의 차이

사람들이 많으니 서로 부동산 가격과 가치를 논하고 연구하고 흥정한다. 부동산을 흥청망청 거래를 하려 든다. 아니, 가격을 마구잡이식으로 흥정하며 흥청망청 하려 든다. 부동산 가격이 움직인다.

키르기스스탄(구 소련의 분리국가)이나 아프카니스탄 등은 국토의 90% 이상이 산이다. 인구는 그다지 많지 않아 인구밀도가 낮다. 부동산 가격역시 매우 낮다. 자연을 개발하지 않으려고 한다. 인구밀도가 높은 우리나라는 28개 지목이 존재하지만, 이들 나라는 지목이 불필요하다. 산지가 90% 이상이니 말이다.

아이러니 한 점이 있다. 평창이나 부안은 각기 전국에서 세 번째로 면적이 넓고 전북에서 가장 넓은 면적을 차지하고 있다. 인구는 각기 5만명, 7만 명 정도를 유지한다. 인구밀도가 매우 낮다(허나, 가격은 만만치 않은 상황). 야생동물의 수가 인간의 수를 압도하는 곳이라 본다. 자연보호가 사람보호보다 진보된 지역이다. 인구밀도가 낮지만 무모한 대형개발청사진이나 대사(大事)에 연연한다. 예민한 경우를 맞는다. 각기 동계올림

픽과 새만금사업에 치중하고 있는 터라 인구밀도가 낮은 가운데서도 부동산 가격거품현상은 심한 편이다.

우여곡절이 많은 새만금개발. 그리고 한시적 개발사항에 그칠 경향이 큰 평창의 모습에 주의를 크게 기울여야 할 것이다.

거품가격에 주의를 기울여야 한다.

● 부동산 거래성적표가 안 좋은 이유

부동산 거래가 갈수록 줄고 있다는 뉴스를 보았다. 자주 접한다. 총선 (2012.4) 이후 더 극심한 것. 정치 불안의 가중이 곧 부동산 시장의 불안으로 이어지는 것이다. 그들 약속은 악속이다. 악할 악(惡)!

요는, 부동산의 필요성에 있다. 거래량이 별로 없다는 것은 부동산 관심 자들이 그 필요성을 크게 느끼지 못해서다. 부동산의 필요성을 대별한다면, 투자가치와 주거로서의, 활용의 가치. 그리고 현재의 자신의 실정과 처지(개인적인)로 볼 수 있겠다.

세월이 약이던 시절은 시정될 사항이다.

세월이 약(藥)이다 = 과거의 아파트 모습
세월이 악(惡)이다 = 현재의 아파트 모습

왜 이 지경이 되었는가.

매달 은행이자 갚기 힘들다. 대출이자가 갈수록 높아지면 잠도 안 온다. 은행이자가 마치 사채이자처럼 비친다는 하우스푸어의 불만의 한숨 소리가 고조에 달하였다.

● 부동산 가격의 안정 방도

부동산 가격의 안정이란, 가격의 상식화이다. 누구나 이해할 수 있는 가격의 유지를 의미한다. 가격이 엽기적이면 안 된다. 단기폭등현상보단 장기간 꾸준한 속등현상을 원하는 것이다. 폭풍성장엔 장애가 뒤따를 수 있다. 일시적인 거품현상이 절대 일어나지 말아야 한다.

· 각종 개발계획들 – 부동산 호가를 형성하는 강한 재료
· 부동산 가격의 안정 방도 – 새로운 개발보단 기존의 지상물들을 유지 및 관리하는 편이 낫다고 본다. 지상물의 개보수 및 리모델링이 최선 및 차선책이다. 단, 각종 도로개발은 예외사항.

가종 건물이나 아파트가 수리나 리모델링이 된다 해서 무조건 부동산 가격이 오를 것이라는 생각은 잘못된 생각.

수리나 리모델링은 낡고 오래된 건물을 대상으로 하는 지극히 자연적 인 작업이라 가격이 오를 수 있는 근거가 될 수 없는 것이다. 하드웨어 자체가 붕괴위험에 빠졌는데 그냥 방치하면 안 되는 것이다. 붕괴위험의 건물 등을 리모델링이나 재건축 하는 작업은 투자행위와 전혀 무관한 것 이다.

재개발, 뉴타운 등의 개발 : 일괄 개발형식 < 개별 개발형식

자율성+융통성 있는 부등호이다.

부동산주인(집주인)이 원할 때 개발해야 한다. 주택의 상태 즉, 하드웨어 상태를 보고 개발을 진행해야 한다. 상태가 좋다면 굳이 개발할 필요가 없는 것이다. 만약, 개발을 강행한다면 국고손실을 초래한다.

우리 주위엔 교각살우의 현장이 너무 많다. 개발을 하되 각 개인의 사유재산권은 보호해 줘야 하는 것이다. 강제성을 띈다면 차후, 항시 문제점을 야기한다.

🟢 개발사항과 부동산정책의 공통점

■ 각종 개발사항과 부동산정책의 공통점

장단점이 꼭 있게 마련이다. 항시 일장일단이 있어 '장점의 수 > 단점의 수'인 경우 진행+실행+시행을 하게 된다. 변수에 능수능란하게 대처할 수 있는 개발 및 정책사항을 택일한다.

이 정부가 크고 작은 20여개의 부동산정책을 내놓았다. 그러나 여전히 찬바람의 기운이 훈풍으로 바뀔 거라는 기대를 갖는 사람은 별로 없다. 왜? 장점의 수보다 결격사유사항이 더 많아서다.

정책 하나하나를 뜯어보자면 극소수 강남부자를 위한 대책이라는 견해가 강하다. 당연한 일일 수밖에 없다. 부자(정치인)가 부동산 정책을 손

질하니 그런 것! 빈자가 만약, 정책에 칼을 들이댔다면 상황은 역전되었을 거다.

부자(정치인)가 세운 정책은 부동산 경기를 살리는 노력이 아닌 땜질식 고육책에 불과한 것.

각종 개발과 정책엔 두 변수가 작용, 반작용을 한다. 개발과 정책에 혜택을 입는 자가 있는가 하면 그 반대의 이론에 맞닥뜨리는 경우도 꼭 발생하게 마련이다. 이를 테면, 토지거래허가구역의 지정.

이 제도는 부자들에게 유리하지만 빈자나 서민들 입장에선 매우 불리한 측면이 있다. 개인적인 개발의 수요층은 두텁게 하되, 투자자를 만들지 않겠다는 의중이다. 즉, 땅 투자자를 땅 투기꾼으로 무조건 간주하는 것이다. 부동산 투기꾼으로 여기는 것.

■ 관광지 개발사항

부자에겐 유리하나, 서민의 눈에 화중지병.

관광지는 유동인구를 위한 숙박시설 건축이 필요하기 때문. 그 건축행위 즉, 개발행위는 여전히 부자의 몫으로 남아 있다. 지자체와 부자가 윈-윈 하는 현장을 자주 본다.

◉ 땅 투자의 ABC

땅 투자의 ABC는 왕도에 접근하고자 하는 직접적인 열정과 노력에 의한 샘물이다.

■ 땅 투자 조건

A - Amazing

독특한 개성에 감동할 정도의 땅을 매입한다. 이를 테면, 입지여건에 비해 인근의 시세보다 20~30% 저렴한 가격의 땅.

사람들이 구름 떼처럼 몰려 유명세를 단단히 치를 것이다. 개발의 잠재성에 비해 가격이 저렴한 땅과 만났다면 성공적인 투자이다. 비싸서 놀라는 것보다 저렴해서 놀라는 것이 훨씬 유리하다. 환희에 가깝기 때문. 환호성은 환희다.

B -Beautiful

아름다움에 감탄한 경우다. 예쁜, 잘 생긴 입지조건과 예쁜 땅 모양(예. 장방형)에 감동받는 경우 투자를 잘 한 것이다. 지역 브랜드에 비해 현 상황이 좋은 경우가 있다. 중심지와의 접근성이 빼어나 아름답다. 환경조건도 아름다운 경우이다. 단, 국립공원이나 도립공원, 군립공원의 화려하고 아름다움은 예외사항이다.

C - Clean

규제 없이 서류(토지이용계획확인원상)가 깨끗하다. 도로도 깨끗하다. 지적도가 깔끔한 상황. 외부 환경조건도 깨끗하고 내부 환경조건도 깨끗한 경우 최고의 부동산을 자처할 수 있다.

■ Constant

상수 < 변수

이 부등호가 부동산 투자하는 이유다.

분명코 부동산은 상수가 아니다. 만약 상수라면 부동산 투자하는 사람이 없을 것이다.

공장에서 생산 공정을 거친 공산품은 개성(변수와 잠재성)을 잃은, 상실한 상태이다. 변수가 없다 보니 일률적이고 일관성을 유지하기 시작한다.

그러나 사람이나 부동산은 다르다. 둘 다 개성이 다분하다. 변수가 뒤따르니 기대를 하게 된다. 미래를 계측+관측하기에 이른다. 미래를 직간접적으로 본다. 잠재력을 체크한다. 개성만점이다. 개성이 많은 사람과 부동산은 매력 있다. 남다른 개성을 지닌 사람은 개척정신이 투철할 수 있다. 창의력이 빼어나다. 남다른 개성을 지닌 부동산 역시 개척정신이 강하다.

D - Difficult

어렵지 않아야 한다. 투자자가 이해하기 쉬운 땅. 복잡다단하지 않은 땅이 좋고 인기 높다.

이해가 쉬운 노랫말과 쉬운 멜로디의 가요가 대중들로부터 인기 높다. 따라 부르기 쉽기 때문이다.

E - Easy

투자가 쉬워야 한다. 단순해야 투자한다. 단순해야 따라올 수 있다.
이해하기 쉽게 가르쳐 주는 고수를 하수는 따르게 마련이다.

● 작은 부동산이 큰 부동산보다 인기 높은 이유

작은 부동산이 큰 부동산보다 인기가 높다. 갈수록 그럴 가능성이 크다.
이유는 있다. 우선, 1~2인 가구 수의 급증에서 이유를 찾을 수 있겠다.

그리고 작은 부동산은 매수자 입장에서 매입비용 면에서 부담이 적다.
경제적 부담을 줄여 경제원론을 따를 수 있다. 최소의 노력과 경비로 최
고의 효력을 기대하는 것.

불경기에 딱 맞는 것이다. 이에 따라 자연스럽게 환금성이 높아지는
현상을 목격한다. 매매가 자유로운 편이다.

지금, 부동산1번지를 자처하는 강남의 대형아파트를 비롯해 대형평수
의 부동산은 사양길을 달리고 있는 상황이다.

반대로, 중소형 및 소형아파트는 인기가 높다. 급기야 재건축시장에서
도 소형 바람이 불고 있다. 1:1 재건축이 성행한다. 즉, 일반아파트 분양
을 자제하며 소형을 선호한다. 재건축을 생각하면 의례적으로 평수가 넓
어질 것이라는 고정관념이 깨지는 순간이다. 해당주민의 당사자들도 소
형에 찬성표를 던지는 입장이다. 대형의 경우라면, 관리비 등도 버겁다는
의견이다.

중소형아파트가 대형아파트의 가치와 가격을 앞선 가운데 중소형빌딩

역시 소형빌딩과 더불어 인기가도를 급히 달리고 있다. 대형 인기의 고지를 향해서 말이다. 역시 대형 마천루보단 투입 비용 면에서 부담이 덜하다.

땅이라고 다를까.

넓은 평수의 땅보단 작은 평수의 땅이 인기다. 매매도 자유롭고 분할에 관한 부담도 덜 수 있다. 환금성도 뛰어나다. 수요자가 많다. 수많은 소액투자자에게 인기가 높다. 소액투자로도 가능해 젊은 사람들도 노크할 수 있다. 그만큼 수요층이 두텁다는 말이다.

넓은 평수의 땅의 가장 큰 맹점은 분할여부.

각 지자체의 자주법(조례)에 따라 분명한 선이 있어 매입자는 잘 알아보고 매입전선에 뛰어들어야 한다. 분할가능여부를 해당 지자체에 직접 방문해 알아본다. 개발목적의 분할을 원하는 지자체가 많은 상황이니 말이다. 정부도 그걸 적극 원하고 있다. 권장하는 추세이다. 투자(매입)를 위한 분할은 정부가 싫어한다. 투기꾼으로 인지한다. 적극 간주한다. 민원인에 대한 적극 간섭인 것이다.

02 실수요가 **투자가 되는** 이유

◯ **부동산 투자가치의 의미**

부동산은 투자종목과 실수요종목, 그리고 투자 겸 실수요 가능 종목으로 대별한다.

■ **부동산 투자종목** – 땅(단, 대형 평수는 제외. 관리가 힘들뿐더러 차후, 수요자도 나타나기 힘들다)

■ **부동산 실수요종목**

① 경매 – 부동산의 가치가, 가격이 낮아지는 통에 환금화가 힘들 뿐만 아니라 낙찰가도 만만치 않아 실제 투자가치가 별로다. 부동산 가격과 거래의 소강세와 관망세가 높아짐에 따라 갈수록 경매의 가치는 낮아지고 있는 형국이다.

실수요 종목으로 가능하다고 본다. 이를 테면, 내 집 마련의 목적이 그것. 100% 실수요 목적으로 매입하는 경매물건은 미래가 안전하다고 본다.

② 아파트 – 미분양시대가 닥치면서 투자종목에서 빠진 상황이다.

③ 상가 – 장기불황에 따른 자영업 난발시대.

자영업자가 줄줄이 도산하는 세상이다.

특히, 먹는장사(식당)는 스스로 제 살 깎아 먹는 지경에까지 이르렀다.

수도권은 물론이고, 전국 곳곳에 빈 상가 즉, 미분양 상가가 심심치 않게 발견된다. 건설사의 부도도 심각한 수위. 실물경기가 장기간 좋지 않은 성적표를 보이고 있어 권리금 있는 상가를 좀처럼 찾기 힘든 세상이 되었다.

■ **투자 겸 실수요 종목 = 부동산 투자종목**(∵ 안전망 구축)

① 땅 – 전원주택시대와 귀농시대와 딱 맞아떨어진다. 정부서 적극 알선 중이다. 지자체 역시 적극 알선 중이다. 즉 길라잡이 역할을 담당하고 있는 것이다.

부동산 투자종목으로서 인정받았다는 것은 실수요도 가능하다는 의미다.

② 중소형빌딩(수익형부동산) – 주인이 업무용으로 일부 활용할 수 있어 일석이조이다. 또는 고층을 주택용으로 주인이 상용하는 경우도 많다.

③ 도시형생활주택(수익형부동산) – 주인이 주거용으로 일부 활용한다.

부동산 투자의 가치가 있다는 것은 실수요가 100% 가능하다는 말. 실수요 가치가 아주 높다는 뜻이다. 부동산 투자가치가 없다는 것은 실수요가 불가능하다는 말이다.

실수요가 의심되는 부동산은 투자가치가 없다는 말. 투자가치가 높다는 말은 실수요+실활용(용도의 다양성)이 가능하다는 말이다. 투자가치가 높다는 것은 실수요+실활용(개발의 범위) 가치가 아주 높다는 말이다. 활용할 수 있는 범위가 넓다는 것은 투자가치가 있다는 의미다.

• 투자가치가 높음 = 개발의 범위가 무궁무진하고 잠재력이 넓다는 의미

• 기획부동산의 땅 = 투자가치 0, 즉 실활용 능력이 없다는 뜻.
  활용가치가 없다는 말은 땅의 용도가 단순하다는 것이다. 그저 무조건적인 대박 대용인 셈.

• 투자가치가 없다는 의미 – 실수요, 실활용률이 낮다는 의미. 즉, 부동산 매입 시, 실수요 목적의 사고(관념적)를 가져야 사고(사기 확률)를 줄일 수 있다는 것이다.

(100%) 투자의 생각 = 여유롭지 못한 조급함
(100%) 실수요의 생각 = 여유로움

부동산 매입 시, 일단은 100% 실수요의 목적으로 움직이면 일단은, 일부는 안전하다고 보는 것이다. 차후, 매도에 관한 압박감이 없어 일단 좋지 않은가.

투자가치가 높은 부동산이란?

- **도로사항, 상황의 빼어남** – 길 상태는 건축여부의 잣대(용적률과 건폐율
  의 성적)
- **접근성(위치)의 빼어남** – 접근도는 해당 부동산의 미래(잠재력)를 체크
  할 수 있는 바로미터기 역할을 담당한다.

- **투자가치가 낮은 부동산** – 부동산의 백화현상(부동산의 작은 개발과 큰 개
  발의 부조화현상)이 일어난다.
- **작은 개발** – 건축여부 파악
- **큰 개발** – 국가 및 지자체서 진행하고자 하는 개발계획 체크

● 부동산의 가격의 변화

부동산의 가격의 변화도를 보노라면 마치 하루의 기온의 변화도를 보
는 것 같다.

하루의 기온은 변화무쌍하다.
- **새벽기온** – 가장 낮은 상태를 보인다.
- **오전기온** – 적당한 기온을 유지한다.
- **오후기온** – 가장 높은 상태를 유지한다.
- **밤 기온** – 갑자기 낮아져 사람들을 일시 당황케 만든다.

환절기의 기온은 극과 극을 달린다. 계절이 바뀌면 부동산의 가격이 극과 극을 치달린다.

요즘의 부동산 가격은 마치 환절기 하루의 기온이 분포도를 보는 것 같다. 조석으로 간만의 차가 극심하다. 조석으로 달라지는 부동산 가격은 부동산 주인들(하우스푸어 포함)의 갈팡질팡 하는 행동거지서 표출된 결과다.

• 사면초가, 진퇴양난의 부동산 시장 = 부동산 주인의 중심 잃은 사고서 반복적으로 표출된다.(외부에 너무 민감하면 절대 실행에 옮길 수가 없다. 핑계거리가 많으면 부동산 매입전선에 들어갈 수가 없는 것이다)

부동산 가격 = 예민하다

(가격의 변화도 > 개발의 변화도)

무성한 개발에 관한 낭설에도 가격은 예민함을 잃지 않는다.

● 부동산 사기발생률과 땅값상승률

부동산 사기발생률과 땅값상승률은 정비례한다. 사회악인 기획부동산의 사기가 극성이고 있다는 것은 땅값의 변혁을 예고하고 있다는 증거.

기획부동산은 개발지 '인근'의 몹쓸 땅을 잡는다. 폭리를 취하기 십상이기 때문. 또한 헐값에 잡을 수 있다.

개발뉴스의 자료를 통해 땅을 판매하나, 개발지역에서 거리가 먼 경우가 다반사.

정확한 개발지 위치를 모른 채 땅을 판매하기 때문이다. 마치 자신이 위정자인 양 개발지 위치를 마구 정한다. 순간만 면하고자 하는 어리석은 행동이다. 땅 팔기 위해 방법과 수단을 가리지 않으며 앞뒤 가리지 않는다.

기획부동산이 상존하는 한 전국적인 땅값상승률은 계속 높아질 것이다. 기획부동산은 땅값에 거품을 집어넣는 역할을 담당한다. 지역부동산과 기획부동산의 '기획(단단한 담합)'을 통해 가능한 일.

지방신문을 통해 '정보'를 입수한다. 한계점에 도달한다. 개발착수기간이 연장되거나 개발이 착수가 되었다가도 장기지연현상이 속출하기도 하기 때문이다. 백지화 현상이 자주 일어난다. 이것이 지방신문의 한계점이다.

백지화 현상이 일어나는 이유는 둘.

개발의 필요성이 없는 곳을 개발예정지로 지정을 했거나 예산책정을 잘못 했을 경우다.

사람들은 땅값상승소식이 없을 땐 가만히 있다가 전국적으로 땅값상승률이 높아진다는 뉴스를 접하는 순간 매수 작전이나 관심도를 크게 보인다. 덩달아 사기사건도 발생한다. 거래량이 늘고 있다는 방증. 5건의 거래 중 1건의 사기사건이 터질 확률보다 50건의 거래에서 사기사건이 발생할 확률이 더 높은 것이다. 단순히 거래량이 많은 곳에서 땅을 매입하려는, 지나친 군중심리에 연연하는 행동을 자제해야 한다.

● 지하철의 종착역과 환승역의 의미

· **종착역** – 부동산 가격의 종착지점을 의미한다. 단, 연장구간 개발계획
   이 있는 경우는 예외사항.

· **환승역** – 부동산 가격의 환승을 의미한다. 가격환승이 가능하다는 것
   은 그만큼 유동인구와 이동인구가 많아 가격의 변수가 많다는 것이다.
   잠재력이 뛰어나, 가치의 업그레이드를 목격한다.

역세권 투자를 좋아하는 이유는 환승역의 힘과 역할의 존재이다. 단,
환승역이지만 환승역 역할을 하지 못하는 경우도 있다. 불요불급한 환승
역인 경우라 할 수 있겠다.

예를 들어, 1호선 병점역.

유동인구 등에 관한 영향평가를 정확하게 하지 못한 폐단이다.

종착역의 경우 도농복합도시의 모양새가 많다. 그러한 이미지가 많다.
즉 실수요자에 적격이라 할 수 있는 것. 투자처가 될 확률이 적다.

● 실수요가 투자가 되는 이유

투자의 실수를 줄일 수 있는 유일한 방도는 실수요 목적의 부동산 매
입이라 할 수 있겠다.

투자가, 실수요가 되어가고 있다는 의미는 부동산 단기투자종목이 사
라진 대신 부동산 장기투자종목이 마구 생긴다는 것.

지상물의 성격이 땅의 성격을 닮아가는 형국, 형태다.

• 실수요가 투자가 되는 이유 – 활용(현재진행형) 중에 가치가 높아지기 때문. 실수요는 현재 움직이고 있다는 것이지만 투자는 현재의 움직임과 무관하다.

활용 중에 불편하면 사용자는 불편해소를 위해 적극적인 행동을 보이게 마련이다. 그 행동은 '개발에 관한 움직임(수리 및 보수행위)'이다.

예) 살고 있는 단독주택에 보수가 필요하다면 수리(개발)를 하기 때문에 집이 자연스럽게 업그레이드된다. 화장실(부대시설) 사용 시 불편하다면 화장실을 수리해야 한다. 수리란, 현재의 상황을 업그레이드 시키는 것. 변화하는 모습이다. 다운시키는 일은 절대 없다. 수리는 또 하나의 투자 즉, 개발비용, 수리비용이 들어가는 것이다.

• 실수요 목적 – 적극적인 행동을 하는 부동산 주인의 모습
• 투자의 목적 – 소극적인 부동산 주인의 모습. 투자에 관련된 모든 여타의 사항을 외부변수(정부와 지자체)에 100% 의존해야 하기 때문.

🟢 과시 통계자료를 믿을 수 있을까

부동산 투자자들은 각종 통계자료를 통해 확률을 직접 느끼려 한다. 그러나 각종 통계자료는 부동산 정보가 될 수 없다고 본다. 통계는 수명이 짧아 위험한 자료이다. 통계자료와 개발자료 중 통계자료가 신빙성을 잃는다. 통계자료를 통해 개발지역을 가늠하는 경우도 있어 위험해 보인

다. 각종 통계는 현재의 자료에 불과하다. 시간이 흐르면서 변하기 마련이다. 정보가 아닌 이유는 수명이 짧기 때문.

변수가 많은 시대에선 통계는 적확한 자료로서 부적격 판정을 받게 된다. 통계는 절대적이지 않다. 지극히 상대적이다. 통계는 그저 참고사항일 뿐이다. 아주 미약한 퍼센티지를 적용 받는다. 내 생각엔 약10%의 참고사항에 불과하다고 본다. 적용비율을 높일수록 실패의 확률은 높아지는 것이다. 용도의 전부가 참조가 아닌, 참고(일시 보조)사항이다. 큰 도움이 안 된다는 소리.

통계는 맹신하는 순간 위험에 빠지기 쉽다. 통계는 차신차의 하여야 차후 낭패 따위를 면할 수 있다. 통계는 미래예측의 수단이 아니다. 수단으로 여기는 순간, 투자의 실패의 쓴잔을 볼 수도 있는 것이다. 통계는 표본추출의 한계점에서 크게 벗어나기 힘든 구도를 걷는다.

지극히 표상주의요, 상징성을 내포한다. 전시효과를 보인다.

표본조사의 반대가 전수조사라지만 현실적으로 전수조사도 한계점에 부딪친다. 조사 대상자들의 무성의한 답변도 문제. 정확한 조사가 될 수가 없다. 통계자료는 정보가 아니다. 통계에 연연하느니 차라리 부동산 노하우나 공법 공부에 매진하는 편이 훨씬 실용적이며 효율적이다. 각종 차트와 그래프 등을 통해 부동산 투자자들을 유혹하는 각종 경제연구소의 수치와 경제지표도 의심의 소지를 크게 안고 있다. 부동산은 수학과 과학이 아니기 때문!

왕도가 없는 상황에서 말이다.

각종 부동산에 관한 통계자료는 유행이 지나면 과거의 자료에 불과하기 때문에 그것을 맹신하는 순간, 위험의 첫 단추를 꿰는 경우와 마주 볼 수도 있는 법이다.

🟢 부동산 가치의 가늠, 잣대

생각과 같이 가치가 보증되어 있다면 대출 통해 부동산 매입, 투자가 가능하나, 그렇지 않다면 절대 대출로 부동산 매입해선 안 된다. 하우스 푸어가 너무나 많은 세상이다.

대출 가능, 혹은 불가로 부동산 투자(매입) 여부(가부)를 결정한다. 대출로 매입이 가능한 부동산이 투자가치나, 미래가치가 높은 부동산이다.

■ 대출로 매입하면 위험한 부동산

① 땅 – 땅은 장기간 묻어놓아야 하는 마치 묵은 김치와 같기 때문. 과실주와도 같다. 오래두면 둘수록 매력을, 마력을 발산할 수가 있다. 가치가 높아진다. 오래 담근 술의 가치가 높아지듯 말이다. 시간이 흐를수록 가치가 높아진다. 아파트와 다른 점이다

② 아파트 – 미분양시대이니까.
따라서 시간이 흐를수록 불안감에 깊게 휩싸이게 된다.

③ 전원주택 – 오지 혹은 외곽지대 단독주택의 모습이 전원주택이니까. 환금성이 좋은 편이 아니다. 위치와 처지에 비해 가격이 단독주택보

다 훨씬 비싸다.

■ 대출로 매입해도 괜찮은 부동산

① 강남(특히 청담동, 서초동, 압구정동, 논현동 등지)의 중소형빌딩

계속 오르는 중이라 괜찮은 것이다. 특히 연예스타들이 대거 매입해놓은 터라 가치가 많이 오르고 있는 중이다.

수요 > 공급

이러한 부등호가 계속 이어지니 가치가 계속 높아지는 것이다. 임대료가 월 은행에 갚을 수 있는 금액 대비 훨씬 우월한 상황이다. 우량 임차인이 많은 곳이라, 임대료 체불현상이 거의 없고 공실률도 매우 낮다. 단, 강남 외의 타 지역의 빌딩은 상황이 다를 수 있으니 주의해야 한다.

② 역세권 내 도시형생활주택(기숙사 제외)

단, 비역세권은 위험하다. 공실률이 높고 공급과잉 상태에 임차인들의 수준도 낮아 임대료 체불 가능성이 매우 높다.

경매 투자 역시 대출을 통해 상용하면 도탄에 빠져들 수 있다.

경매 = 실수요 부동산에 통용
경매 = 장기투자종목에 적합

갈수록 이러한 등식으로 변하니 그런 것. 지금은 부동산이 골고루 오르는 시대가 아니기 때문이다. 경매는 모든 부동산 종목에 통용하는 마당에서 말이다.

시세차이도 시세차이겠지만 종목(장르)별 차이점도 무시할 수 없다.

● 부동산 불황의 또 다른 돌풍(이유)

짧아지는 봄가을은 짧아지는 이사철을 의미한다. 이사철이 점점 사라지는 판국. 겨울인가 싶더니 금세 여름을 맞는다. 감질나게 봄기운의 얼굴을 살짝 내민 후 곧바로 초여름이 닥친다. 생각할 겨를도, 여유도 없어진다. 적당한 기온은 인간의 삶의 질을 높여줄뿐더러 생각의 질을 드높여준다.

봄가을이 짧아졌다는 말은 그만큼 부동산의 환금화 기간 즉, 매도기간(주인 입장)이 짧아져 안전성 확보 면에서 불안정하다는 것이다. 실수요자건 투자목적을 가진 자건 매도자는 심각할 정도로 초조하다. 계획대로 안 움직여주다 보니 가계구조가 불안정하게 그려진다.

짧아진 봄·가을에 비해 자연스럽게 길어진 여름과 겨울이 문제다. 부동산 비수기가 점점 길어진다는 것이다. 거래량이 줄 수밖에 없는 구도인 것이다.

여름과 겨울의 비수기는 '부동산 불황 = 부동산 미거래 현상의 급증'이라는 등식을 표출한 계기가 되고 만다.

지구의 온난화가 지구(자연=부동산)를 병들게 하고 있다. 지구인이 힘들다. 자신들이 파놓은 무덤으로 들어가는 중이다.

부동산 성수기 = 봄가을

이 등식의 존재성이 점점 상실하고 있는 형국이다.

가뜩이나 힘든 부동산 경기가 지구의 온난화라는 새로운 복병의 등장으로 더욱더 깊은 수렁에 빠지지나 않을까 두렵기 그지없다.

● 표리부동의 부동산 매입과 대학입학

우리나라의 교육과 부동산에서 많은 공통점을 발견할 수 있다. 대학입학 목적이 좋은 직장입사를 위한 단순한 방편으로 이용되고 있다. 부동산 매입은 단순한 투자 목적으로 일관하는 경향이 아주 높다. 대학 입학의 목적은 많은 지식을 배우기 위함이 되어야 한다. 부동산 매입의 목적은 높은 경제성과 다양하게 활용하기 위함이어야 한다.

· 입학과 매입 – 편리성을 중요하게 여겨야 한다. 편하면 그만이라는 인식의 전환이 필요한 때이다.
· 고등학생의 일단의 꿈 – 좋은 대학 가기
· 땅 매입자의 꿈 – 수익 이후 재투자 혹은 타 부동산 사기
· 좋은 대학가는 이유 – 좋은 직장 가기 위함

잘못된 관념이 교육 발전이 없고 부동산 불황의 원인이 되고 있다. 학교교육은 성폭행과 자살하는 학생으로 치욕의 현장을 보이고 있고 부동산은 거래량이 사장된 지경에 이르렀다.

■ 공부와 부동산

때(time)가 중요.

곳(position, where)도 중요하지만 말이다.

부동산은 경험이 중요. 단순한 경험이 아닌 다양한 루트의 경험이 필요하다. 암에 걸린 경험이 있는 사람이 부동산 매입한다면 매입 목적에 분명한 선이 있을 것이다. 육체적인 아픈 경험은 인간을 성숙하게 만든다. 정신을 정식적으로 성장하게 만든다. 정신적인 고통 역시 인간의 광욕과 과욕을 줄여주는 역할을 한다.

가난한 부동산과 스마트한 부동산에서 부동산의 이중성을 읽는다.

■ 부동산의 이중성

누구에게나 필수품이 될 수 있지만, 어느 누구에겐 사치품이 된다. 꼭 필요할 때 구입해야 하는 이유가 있는 법.

때가 곳(장소, 지역)보다 더 중요한 이유도 있다.

🟢 부동산 매입 시의 두 가지 두려움

• 개인적(개별적)인 두려움 – 투자수익에 대한 두려움

• 거시적인 두려움 – 정부로부터 투기의심 받기

• 거래활성화가 힘든 이유 – 반복적으로 투기 방지정책을 세우는 정부의 행동거지가 거지 같이 초라하다. 불경기에서도 투기란 말을 상용하고 있다. 반복적으로 투기하지 말라는 것은 땡중에게 고기 절대 먹지 말라는 말과 동일 수위.

• 토지거래허가구역 – 기본적으로, 혹은 궁극적으로 투기자 방출 목적 (단순한 목적이 아닌 당당한 다양한 목적이 되어야 함)

세금 문제 또한 거래량 감소의 원인.

양도소득세의 수위는 취·등록세 수위로 만들어야 거래량이 늘 것이다. 세금의 균형을 맞추기 위함보단 거래의 활성화의 1차적인 목적이 있는 것이다. 현재의 부동산 거래량 성적표가 안 좋은 가장 큰 이유는 토지에 관한 강력한 양도세의 부과이고 토지거래허가구역의 비중이 넓다는 것이다. 매수인들은 지레 겁을 먹는다. 매수인은 차후, 분명 매도를 위한 매수일 터.

양도세의 중과 때문에 매수를 꺼릴 수밖에 없는 것이다. 부동산 매입자 대부분은 투자목적으로 움직이기 때문이다.

● 유명부동산과 무명부동산의 의미부여

유명한 부동산보다 무조건 무명부동산이 안 좋다는 인식을 버릴 때이다. 변화와 변수의 마술을 자주 부리는 부동산 시장의 철저한 영향력 때문. 오히려 유명부동산보다 무명부동산의 거래량이 더 많을 수 있다.

고유가시대에다 불경기가 지속되고 있지만 차량의 수는 오히려 꾸준히 늘고 있는 판국.

무명부동산 중 상가(장사가 안 되는)를 부수고 주차장이 들어서거나 주차장 건물이 들어서는 경우가 많다. 특히 강북일부지역의 경우는, 빈 상가가 심심치 않게 발견되곤 하는데, 장사가 안 되는 상가의 경우 십중팔구 위치가 형편없는 곳일 게다.

허나, 이 공간을 주차공간으로 활용하면 유명부동산으로 전격 거듭날 기회를 맞아 부동산의 격상을 목격하게 된다.

유명한 지역보단 무명지역이 더 잠재력이 넓고 높을 수 있다.

분명한 사실은, 무명부동산은 유명부동산 속에 있다는 것이다. 바꿔 생각하면, 유명부동산 역시 무명부동산과 그다지 멀리 있지 않다는 것이다. 마치 도곡동의 타워팰리스와 인근 무허가 판자촌의 모습처럼 말이다. 공존하며 상존한다. 상업지역 안의 자연녹지의 무명의 설움도 오래가지 않을 수 있다. 무명과 유명부동산이 더불어 사는 것이다.

무명부동산이라고 해서 주눅들 필요 없고 유명부동산이라고 어깨에 힘 잔뜩 줄 필요 없는 것이다. 유명부동산이 전격적으로 무명애물단지 노릇을 할지도 모를 일 아닌가. 지금의 아파트처럼 말이다.

03 부동산의 **큰** 성격

◉ 100% 실수요는 존재하지 않는다

'100% 투자목적 = 초단기를 목표로 움직여야 직성이 풀리는 입장'
(투자 시와 투자기간 중에 강한 정신적 압박감을 가질 수 있다)

투기를 의식+의심하지만, 불법은 아니다. 자본주의국가라는 사실을 상기하자.

50% 투자 + 50% 실수요목적 = 중장기를 목표로 움직인다.

지주의 토지 활용목적 여하에 따라 미래가 천양지차로 달라진다. 100% 실수요? 100% 실수요란 있을 수 없다. 언젠가는 거래가 이뤄진다. 수익여부가 최종, 막판 판가름+판별되는 것이다. 그리고 싶지 않아도 그렇게 되는 게 이치이고, 섭리이다.

평생 산다는 목적으로 매입한 집이 있다손 치더라도 해외 이민 등 불가항력적인 현상이 발생한다면 거래가 이루어지면서(부동산은 급매물로 물건을 내놓을 터) 실수요의 목적은 온데간데없이 산산조각이 나는 것이다. 즉, 1000만원에 산 물건, 5년~10년 이후 900만원에 내다 파는 경우는 극히 드문 현상이니까.

100% 투자목적은 있지만(부동산주인, 임자는 따로 있다) 100% 실수요 목적은 없다. 100% 실수요는 영원히 존재, 존속할 수가 없는 것이다.

정부가 투자(투기)목적으로 땅을 사면 안 된다고 자주 말한다. 실수요, 개발목적으로 땅을 사는 부자를 선호한다. 서민은 개발을 하고 싶어도 개발할 경제적 능력이 없다. 부자가 개발한 지장물이 곧바로 거래가 된다면 투기라고 우겨도 할 말 없지 않은가. 투자자는 소시민과 서민의 입장이요, 실수요는 부자들의 전유물이다.

그런데 부자들의 실수요, 실거주 목적은 차후에(생각보다 아주 짧은 시간 내에) 변용되고 변질된다.

소나기(솜방망이 수준의 정부의 안일한 조언과 단속) 피하는 방도를 잘 아는 부자가 부동산부자가 아닌가 싶다.

● 강남부자와 강북부자의 차

부동산 단행본 중 제목에 '부자'가 들어가면 쇼쇼쇼를 하건 안 하건 일단은 베스트셀러 선상에 오른다. 부자가 항시 화두이다. 아마 부자가 되겠다는 일념을 가진 분들이 많아서 일게다.

허나, 부자가 많지 않은 현실에서 허황한 꿈은 무리수를 두는 것이다.

우리나라 부자는 강남부자와 강북부자로 대별되어진다고 본다. 전자는 부동산으로 부자가 된 경우가 다반사.

후자는 부동산 이외의 요소가 크게 가미된 것이라 본다. 강북의 부동산(강북 부동산 소유자)은 움직임이 강남에 비해 매우 비좁기 때문.

단, 강북의 부자가 타 지역(강남의 부동산)의 부동산을 보유하지 않는다는 단서가 들어간다. 그렇기 때문에 강북의 부자는 100% 부동산 부자로 인지하지 않는다. 부동산 부자는 기존 강남부자라는 인식의 변화는 아직 없다는 것이다.

강남의 부자들을 분석한다. 그들은 기술과 힘을 함께 지닌다. 기술은 공법이요, 힘은 권력으로 요약되고 유추된다. 전자는 상수요, 후자는 변수(정실주의)이다. 서민의 투자(기술의 활용도)와 부자의 투자(힘 활용도)의 구분도가 확연히 그려진다.

이종격투기 선수 중 표도르는 힘과 기술을 함께 지닌 신이 내린 파이터.

힘이 있으면 기술력이 부족하고, 기술력이 뛰어난 대신에 힘(펀치력)이 부족한 게 일반적인데 말이다.

부동산부자는 이와는 다르다. 부자의 힘은 기술력이라 볼 수도 있다. 부자는 힘과 기술력을 동반하며 겸비한다. 부동산부자는 힘이 있다. 반면 권력이 무섭다.

청문회 때 부동산 재테크 전문가의 모습을 보고 느낀 것. 위정자의 한결같은 공통점은 부동산 재테크의 달인이라는 것이다,

이러한 관점서 본다면, 부동산은 힘이 우선인 것 같다. 체력이 우선인

것 같다. 기술도 체력의 뒷받침 없이는 무용지물이다. 공법을 잘 안다 해도 힘이 보충, 뒷받침 안 된다면 지름길 대신 먼 길을 선택할 수밖에 없다. 서민은 힘이 없어 공무원에게 조차 접근을 두려워한다. 아니, 안 하려든다.

힘으로 기술을 사는 세상이다.

금고열쇠를 찾는 서민의 맘을 부자는 뛰어 넘어선다. 금고열쇠 찾다가 아까운 시간 다 허비하는 서민과 달리, 부자는 무거운 금고를 들어 올릴 힘이 있는 것.

모 참모총장은 국방부 대변인 시절에 구입한 용산의 한 건물이 용도변경이 되면서 부동산 대박의 단맛을 본 케이스. 본인은 우연의 일치를 일방적으로 주장하나, 그 말을 곧이곧대로 받아들이는 사람은 별로 없는 것 같다.

공법에 연연하는 서민의 재테크 방법은 100% 투자목적으로 흐를 수밖에 없지만 힘 있는 자들의 재테크 모습은 용도변경이 될 곳을 구입하는 습관에 길들여져 있다. 실수요 목적이다.

아무리 애써도 강북은 따라 잡을 수 없는 구도이다. 구조이다. 태생이 그런 것이라 어쩔 수 없는 형국.

모 구청장이 지지난해까지 강북의 발전을 위해 여러 번 용도변경을 위한 노력을 서울시 상대로 해보았지만 소모전으로 끝난 바 있다.

강북의 부자는 부동산부자가 아니다. 강남의 부자는 부동산부자이다. 힘 가지고도 힘든 부동산이 강북 부동산이다. 멍석(권력)을 깔아줘도 성능 발휘가 힘들다.

북한산 국립공원 인근의 고옥서 살고 있는 한 노인은 죽기 전에 규제의 사슬서 벗어나고 싶단다.

강남의 일부 오지(??)와는 색이 다르다. 그 범위가 강남은 좁다. 오지부분은 강북이 훨씬 넓게 자리 잡고 있다. 상대적으로 말이다. 용적률과 건폐율조차 따지기 힘든 지역이 강북의 일부지역이다.

30층 이상 빌딩이 무려 300개에 육박하는 강남에 비해 강북엔 전무한 상황.

부동산 부자는 여전히 강남에서 나올 수밖에 없는 구도이다.

● 요리하기와 재테크하기

요리전문가만 요리하라는 법은 없다. 부동산 전문가만 부동산 투자하면 안 된다. 조리사 자격증 있는 자만 요리 잘 하라는 법 없다. 공인중개사 자격증 있다고 해서 100% 완벽한 부동산 노하우를 간직하란 법 없는 것이다.

개발재료와 요리재료를 잘 활용하는 게 큰 관건.

개발재료 중 불필요, 그다지 필요치 않은 것이 있다. 택지개발이 전국적으로 난무하고 있다. 공사의 잦은 공사가 문제다. 한국토지주택공사의 누적된 천문학적인 빚잔치를 그저 바라만 보고 있지 않은가. 필요한 택지의 개발이 아닌 이유로 지방의 아파트가 미분양이라는 암에 걸린 거 아닌가.

대형 위락단지를 조성하는 관광지 개발도 난립하고 있다. 부도 사태를 자주 맞는다. 대형냉장고에 장기간 저장되어진 상태가 자주 발견된다. 여지없는 식물인간 상태로 영안실의 대형냉장고의 모습이다. 요리재료, 냉장고 맹신하고 장기간 저장하면 안 된다. 수요자가 식중독에 걸린다. 개발재료, 위정자의 국책사업이라는 대의명분을 믿고 장기적으로 방치할 때(공사 및 개발 지연사태) 위험에 도달한다. 투자 실패자 다량 양산!

• 꼭 필요한 개발재료 – 수도권 역세권 개발. 왜? 인구 2500만 명의 활동 영역이 정해진 상황.

　귀농인구가 급증하지만 귀경인구의 회귀현상도 급증 중이다. 지방에 적응키 힘든 경우가 많다.

• 꼭 필요한 요리(음식)재료 – 잡식주의자가 아닌 이상, 채식주의자에겐 채소를, 육식주의자에겐 고기를 준비하는 게 정상적인 행위다. 채식주의자에게 고기는 불필요, 낭비+사치다. 사자는 굶어 죽을지언정 채식은 절대, 죽어도 안 한다.

　실거주 목적인 자에게 관광지 개발은 낭비, 사치이다. 개발재료가 나에게 잘 맞나, 궁합 수위를 맞추어 본다. 목적의 부합 여부를 체크한다.

개발재료의 활용도 – 투자, 실수요

　전국적으로 700여개의 뉴타운이라는 개발재료가 대형냉장고에서 썩고 있다. 공인영양사의 처방 없이 함부로 그 음식에 손을 댄다면 큰 식중독에 걸릴 터. 게다가 재개발, 재건축의 개발재료도 영안실 냉장고에서 무덤행 완행열차의 승선을 고대하고 있다. 식물인간 상태이다. 회복의 기미조차 안 보인다.

부동산은 개발기간이 길거나 지루하면 백지화 확률을 높인다.

● 부동산 책 읽는 이유

부동산 책(단행본) 읽는 이유가 무엇인가.

부동산 강연회나 세미나에 참석하는 이유가 무엇인가.

거반 이상 바른 투자, 바른 재테크를 위함이라 본다. 현지답사 하는 이유도 다르지 않다. 바른 투자를 하기 위해 시간 투자하면서 발품을 파는 것이라 본다. 단순한 부동산 공부에 머물 부동산 책 읽기와 세미나 참석, 그리고 현장답사가 되지 말아야 한다.

부동산 학(學)을 위한다면 학교나 학원에 진출하는 게 낫다고 본다. 부동산학과 교수나 강사도 재테크 하지 말라는 법이 없지만 말이다. 목적은 변한다. 변하게 되어 있다. 학(學)을 우선시 하였지만 부동산 습성을 정확히 관찰하면서 학이 투자, 재테크로 돌변한다. 실수요목적으로 부동산 구매한 자가 세월이 흐를수록 투자 관념으로 변하는 경우와 매일반이라 본다. 매수예정자가 기하급수적으로 늘면서 생기는 변수와 변화일 것이다. 실수요목적이 바뀌지 않는다는 보장이 없는 것이다. 매매행위가 이루어지면서 실수요목적은 자연적으로 파괴되고 만다.

'목적 없는 부동산 구매행위는,
목적지 없이 운전대 잡는 운전자의 모습이라 아주 불안해 보인다'

초행길이 대부분이라 위험한 지경에 이르기 쉽기 때문. 사전답사는 고사하고 길 공부를 이론상으로도 하지 않았으니 말이다. 목적지가 정해진다면 그 목적지에 관한 공부를 철두철미하게 하는 게 순리.

그래서 부동산 강연회에 참석을 하거나 부동산 책을 정독하는 것이다.

'금융재테크 = 버스 노선'

정해진 코스에 따라 움직인다. 목적이 정해져 안전해 보이나, 수익률이 작은 편에 속한다. 투자하기 전에 이미 수익률을 100% 알고 있는 상태다. 이미 미래가 정해져 미래를 잘 알고 있는 상황이다. 기대수익률이 별로라는 말이다.

'부동산 재테크 = 택시 누선'

정해진 코스가 없다. 손님(투자자) 맘이다. 외부의 세력(손님=변수)에 의해 움직인다. 목적이 정해지지 않은 모습이라 불안하다.

허나, 잠재성만큼은 금융권을 압도한다. 잠재력이 있는 수익성에 잔뜩 기대한다.

● 농수축산물과 부동산의 비교

농수축산물과 부동산의 공통점을 세 가지로 압축하고자 한다.

① 신선해야 한다 - 늙은 부동산(단지, 오래되었단 뜻이 아니다)과 유통기한이 지난 농수산물은 더럽고 치사하다. 늙은 부동산은 재건축으로 요약된다. 유통기한이 지난 부동산이 재개발이나 뉴타운인 게다. 새로운 개발계획보다 한결 낫다고는 보는데, 개발의 진척도가 문제점으로 지적된다. 유통기한이 지난 물건을 유심히 들여다본다.

② 저렴해야 한다 - 투명성 확보는 진실의 다른 말. 전량 원가공개 혹은 일부를 공개한다.

살인적인 폭리는 칼 없이 사람이 죽이는 짝.

③ 안전해야 한다 - 일단 가격이 양심적이라면, 물건의 성품 대비 가격이 저렴하다면 안전성은 일부 확보된 것이다.

다른 점도 있다.

• 농수축산물 - 중간 유통단계가 다양하고 길쭉하다. 거품의 온상을 만들 참인 게다.

• 부동산 - 중간 유통단계가 짧으나, 거품현상에 예외 있는 부동산이 적은 게 현실이다.

왜 그럴까?

개발이슈가 많아서다. 개발이슈를 마구잡이식으로 생산 중이다. 농수축산물도 생산한다. 꾸준한 물량 말이다.

농산물은 농림부가, 부동산은 국토부가 관장+관리한다. 인력과 예산 부족을 핑계로 일부만 관리되어지는 게 현실. 서민들에게만 관리가 철저하다. 위정자 등 일부는 제외되어져 있다고 본다.

● 부동산과 주식의 또 다른 면

부동산이나 주식의 가치와 가격은 대형호재에 따라 미동도, 약동도, 역동도 한다.

다른 점은, 주식시장의 주가 조작이라는 말은 있지만 부동산의 시가조작 혹은 호가조작이라는 말은 없다는 것이다. 주가조작은 처벌 대상!

설령, 부동산이 시가와 호가 조작이 가능하다 해도 처벌 미대상이라는 것이 또 다른 면이다. 주가 폭등세가 부동산 소강세를 비웃는다. 현실이다.

허나, 주가 폭락세도 예상해본다. 주가는 매일 아니, 시시각각, 순간적으로 다르다. 달라진다. 희비가 엇갈린다.

부동산의 가격은 주가의 변동과 다르다. 가격 형성기간이 주가 형성기간보다 훨씬 길고 지루한 편이다. 그 기간이 갈수록 길어지고 있다.

실수요라는 관념을 가진 부동산에 비해 주식은 실수요라는 말 자체 없기 때문이다.

애당초 부동산을 장기 혹은 실수요 목적을 가진 채 투자의 길에 들어선 자는 실패를 거의 하지 않는다. 마찬가지로, 주식투자를 장기간 묻어

놓는다는 관념을 가진 자가 투자의 유리한 고지를 선점한다.

결국, 부동산이나 주식투자는 '여유'가 투자 시, 큰 재료요, 무기인 셈이다.

● 부동산과 공산품 분석

이 세상은 공산품과 부동산으로 이루어져 있어 단순하다.

인생드라마가 단순간결하다.

우리 주위엔 각종 공산품과 부동산으로 도배되어져 있다. 매일 본다. 사람보다 훨씬 많은 수가 공존+상존한다. 사람이 만들어놓은 결과물들이다.

자연과 더불어 살던 인간이 지금은 공산품(스마트폰 가세)과 부동산 없이는 하루도 살 수 없게 되었다. 그러한 구조를 인간 스스로 만들어 놓았다. 부동산과 공산품의 존재감은 인간의 존재감과 직간접적으로 일치감을 보인다. 작거나 크게 말이다.

공산품은 투자가 아니라, 매입, 구매의 행태이나 간혹 투자도 이루어지는 경우도 본다.

부동산은 투자도, 매입도 가능한 행태이다.

공산품의 투자형식은 금 투자, 골동품 투자, 수석투자 등으로 분류할 수 있으며 예술형식이 승화되는 경우도 발견된다. 유명화가의 작품이 투기의 대상물이 되어 우리를 속상하게 만든다. 왜? 일부 특수한 부유층에 절대적으로 국한되어진 유물형식의 투자종목, 투자 상품이라 서다. 지극히 편협하고 이기적이다.

부동산 매입 시, 컨설턴트는 매입자와 매수자에게 컨설팅, 조언을 잊지 않는다. 한결같은 조언내역에 식상하는 경우도 있지만 매수자는 경청한다. 듣다가 혹시나 하고 말이다. 컨설턴트는 투자종목을 판매하고자 노력을 기울인다. 매수방법이 자신만의 노하우인 양 상세하게 브리핑한다. 매수 시의 주의사항도 알려주는 자도 발견된다.

반면, 공산품은 상인, 판매자가 구매자에게 상세한 설명 없이 팔아버리는 경우도 있다. 허기야, 우리의 생명과 직접 연관되어진, 각종 약을 파는 약사의 경우도 약 팔기 전에 구매자에게 정확한 설명이 없으니 말하면 뭐하랴. 우리가 약을 구입할 때는 약사는 약값과 별도로 700원이 넘는 약 설명 값(조언, 건강 컨설팅 비)을 받는다. 관련법에 의해 약사는 약 구매자에게 평균 5분 정도 약 설명을 해야 한다. 허나, 이 법을 지키는 약사는 거의 없는 게 현실.

부동산과 달리, 각종 공산품과 그 외, 엇비슷한 것들의 판매행태는 거의 주먹구구식이라 본다. 상세한 설명 없이도 잘도 판매한다.

땅 매입 시, 매수자는 컨설턴트로부터 토지이용계획확인서 등의 서류를 보며 설명을 듣는다. 땅 투자 노하우도 전수 받고자 한다. 고수, 컨설턴트로부터 자세한 내역을 듣고 나서 재산 권력을 높이려 한다.

공산품은 다르다.

예를 들어, 가구나 냉장고를 구매할 때, 구매자는 별다른 말 안 듣는다. 판매자의 말을 거의 맹신, 맹종한다. 사용설명서에 의존하는 경우가 많다고 본다. 생산자를 전적으로 믿고 구매전선에서 움직이는 형태를 지속적으로 이어간다. 군말 없이 구매한다. 부동산의 특질과 특징을 믿고 구매하는 경우와 사뭇 다르다.

공산품과 부동산의 큰 공통점도 있기는 있다. 꼭 필요할 때 구입해야 후회 따위를 안 할 수 있고 사전에 구입대상물을 공부하고 연구해야 차후 낭패를 면할 수 있는 것이다.

● 부동산의 큰 성격

부동산의 가장 큰 성격을 하나 꼽으라면 '중독성'이라 볼 수 있겠다. 부동산은 큰 집중력, 강한 집중력을 요한다. 원한다. 그러한 절차가 없다면 부동산의 크고 무서운 성질 중 하나인 중독성에 깊게 빠져 버릴 수 있는 것이다.

부동산의 큰 성질은 중독성이다. 이 때문에 부동산 불경기에도 부동산 불패 운운하며 여전히 부동산에 큰 기대와 희망을 거는 것이다.

부동산을 로또로 보는, 해석하는 자도 아직도 많이 발견된다. 각종 설에도 중독된다. 위기설, 폭등, 폭락설, 각종 개발설과 대형청사진 등…

중독의 의미를 읽는다는 것은 부동산 투자자에게 아주 중요한 숙제이다. 성질과 각종 설만 정신 차리고 정독하면 실패의 끝과 시작, 진행사항은 사멸될 터.

술김에 부동산 계약서 쓰는 분도 있다. 음주운전과 같은 행동이라 도통 이해가 안 되는 대목이다(기획부동산 업자 중엔 고객에게 술을 먹인 후 계약서 쓰는 자도 있지만 말이다).

이런 분은 되팔 때 문제가 발생할 수가 있다. 매입할 때 술김에 계약서를 썼기 때문에 매도 즉, 되팔 때도 술김에 계약서 쓰기를 고대할 터. 그때쯤엔 그런 바보(매수자)는 없을 것이다. 술김에 계약서 쓸 호구 찾기가 그리 만만치 않은 작업이기 때문이다.

부동산에 중독되기보단 '집중(타깃에, 목표물에, 혹은 급소에)' 하는 데 집중하는 게 낫다.

🟢 부동산은 자유이다

부동산 투자하면서 울며 겨자 먹기와 고생을 사서 하는 경우가 많다. 부동산 투자 시, 자유를 잃은 나머지 이성마저 잃는 경우가 너무도 많다.

재테크 하는 이유는, '자유'를 얻어 인생을 즐기고자 하는 것으로 요약된다. 자유가 있어야 인생을 즐기지 않는가. 재테크로 인생을 즐기고자 한다면 재테크를 고통 속에 진행하지 말고 재테크를 즐기자.

고통을 즐긴다, 란 말도 상존하는 현실을 바로 읽자.

박태환, 박지성, 김연아 등 우리나라가 낳은 세계적 스포츠스타들의 공통점은 경기 중 경기를, 게임을 즐긴다는 것이다.

어느 말기 암환자의 (인생을) 즐기는 삶을 목격하고 큰 감흥을 받은 적이 있다.

인생을 즐기는 자가 있는가 하면 그 반대의 사람도 존재한다. 재테크를 즐기자는 말은, 실패의 고통을 즐기자는 뜻이 아니다. 즐겁게 공부한 자와 그 반대, 억지로 공부한 자의 성적은 현격한 차이가 난다. 재테크를 즐겁게 하는 자와 재테크에 올인, 인생역전의 수단으로 긴장 속에 이행하는 자는 차이가 클 터이다. 내 주관이 들어간 투자는 즐거운 재테크가 되겠지만 부화뇌동, 김 사장님 손을 믿고 투자하는 행동은 한편으로 괴롭고 불안이 엄습하는 투자인 것이다.

필자에게 전국적으로, 혹은 해외서 전화를 많이 하신다. 피해사례가 다반사, 태반이다. 투자하기 전에 문의를 하시면 좋으련만 기획부동산에 당한 피해사례들을 일일이 열거하기 바쁘다. 과거에 당한 것을 이제야 확인하는 것. 마치 내가 변호사, 해결사인 양 부탁을 난발하신다. 답답하다. 투자하기 전에 전화를 하시면 좋겠다. 지금도 투자를 고통 속에 하시는 분이 계시다.

투자자와 컨설턴트는 윈-윈 입장이어야 한다. 수평노선을 긋는다. 걷는다. 눈높이 맞추는 일이 아주 중요한 과정이다. 작업이다. 함께 고민하고 연구하는 것. 수평의 노선을 긋는다는 것은 투명성의 확보인 것이다.

투자는 고통일 수 있다. 그 고통은 즐거운 비명이 되어야 한다. 투자자와 컨설턴트가 함께 연구+모색하면서 투자는 즐거운 비명으로 들린다.

● 인간 우선주의가 부동산 존재감을 알린다

인본주의가 절실히 필요한 때이다. 갈수록 험악한 범죄가 나타나면서 생긴 생각이다. 동물의 세계 역시 인본주의가 절실히 필요하다. 짐승의 존재감은 인간이 존재하고 있을 때만 가능한 느낌.

■ 교통정리

교통사고율 세계 수위 국가인 우리나라가 부동산 사고율 또한 세계 수위를 달리고 있다는 사실을 아는 이는 별로 없을 듯하다.

사람 우선이다. 차는 차순위다. 사람과 차가 정면으로 마주 쳤을 때 차가 100% 양보하라고 법(도로교통법)에 나와 있다.

■ 부동산 정리

역시 사람이 우선순위이고 자연은 그 다음이다.

인간이 우선 존재해야 차의 존재, 상존의 의미를 발견할 수 있는 것이다. 비로소 자연의 유지가 의미 있는 것이리라. 사람 없는 자연의 존재는 무가치하며 유명무실한 것이다.

● 토지수용법과 국가보안법의 공통적 특질

개발이라는 미명하에 수많은 서민들을 준노숙인 化하는 토지수용법의 부당함에 치가 떨린다. 현실에 안 맞는 보상비책정은 사람을 식물인간 내지 산 송장으로 내몬다. 만든다.

전국적인 택지의 개발지역에선 불만의 목소리가 연일 터져 나오고 있다. 택지지역에 투자한 이들의 불만의 목소리는 한으로까지 들린다. 나라의 보상비는 개인투자비용의 평균적으로 절반의 수위에도 미치지 못하고 있다.

토지수용법은 국가보안법과 같이 현실에 안 맞는 악법이라 본다. 필요 없는 법이다. 법에도 눈물과 정이 있어야 하는 거 아닌가. 정실주의와 별개로 말이다.

서울 청량리 개발지 인근의 시장상인의 눈물이 기억난다. 수십 년간 장사하다가 고작 2천만 원을 받고 피눈물을 흘린 사례다. 몇몇 사람들은 결사항쟁 중.

하남시도 결사항쟁을 한다. 올림픽대로 난간에 낡고 힘없이 걸린 근조 플래카드의 문구는 지나가는 자를 일시 두려움에 빠뜨리게 만든다. 운전자들을 잠시 패닉상태에 빠지게 만든다. 운행을 방해하고 충격 주는 문구, 문제 많다. 나라를 지탱하고 유지하는 힘 있는 사람들은 그것을 본 채만 채 한다. 관심 밖이다.

국가보안법에 의해 수많은 사람들이 저세상으로 갔고 감옥을 갔다. 토지수용법이라는 악법에 수많은 사람들이 깊은 시름 속에 헤매고 있다. 토지수용법은 현실과 동떨어진 악법임에 틀림없다.

뉴타운 개발지와 서민과의 관계가 이대로 그냥 간다면 나라의 혼란은 끝이 안 보일 것이다.

암에 걸린 민초를 앞에 둔 채 의사(위정자)는 먼 산만 바라보고 뒷짐만 지고 있다. 강 건너 불구경하듯 말이다.

🟢 부동산의 3대 거짓말

생활 속의 4대 거짓말을 짚고 넘어가자. 4대 거짓말이 있다.

노처녀 시집 안 간다는 말과, 장사꾼의 하나도 안 남는다는 말, 그리고 노인 분들의 빨리 죽어야지 하는 푸념이 그것이다. 여기에 정치인들의 친애하는 국민여러분, 하는 거짓부렁이가 불가사의한 4대 거짓말로 압축되어진다. 부동산의 3대 거짓말도 지나치면 안 된다.

① 정부의 개발계획과 정책들
② 정치인들의 개발공약

문제는 3번이다.
a. 대한민국에서 제일 싼 부동산
b. 대한민국에서 제일 비싼 부동산

③ a와 b는 절대 존재 안 한다.

아니, 말이 안 된다. 왜? 사람들(①과 ②를 비롯한 인간들) 손 타면 가격의 일생은 끝이기 때문이다.

특히, 일부 중개업자들의 손과 발을 타면 싼 땅이 비싸지고 비싼 땅은 더 비싸진다. 우리나라에서 가장 비싼 명품의 땅의 기준시가도 올랐다는 뉴스를 자주 접한다.

● 부동산을 구성하는 2가지 요소

부동산을 구성하는 두 가지 요소는 자연적인 요소와 인공적인 요소이다.

자연적인 요소는 물리적인 요소로, 하드웨어에 속한다. 300억 평 가량의 땅덩어리를 통칭해 무기체라 정의한다. 그림으로 치자면, 도화지에 해당하는 것. 도화지에 그림 그리는 수법, 비법은 사람이 발견해야 하는 몫.

인공적인 요소는 인위적 요소로, 소프트웨어에 해당된다. 위정자의 공약으로서 각종 개발 계획도를 의미한다. 부동산을 숨 쉬게 하는 역동의 모습이다. 부동산의 숨통을 뚫는 역동의 모습이다.

'부동산의 현장감 = 인공적인 표현 + 물리적인 표현'

부동산은 '표현'이다. 표현의 자유가 있다. 표현의 자유를 상실한 부동산이 만약 있다면 그건 크게 우려할 만한 부동산이다. 어떠한 방식으로 표현을 하느냐에 따라 가치는 천양지차로 벌어진다. 가격도 달라진다. 표현조차 하지 못하는 부동산은 부동산이 아니라 고철에 불과하다. 웃긴 점은, 고철과 같은 땅이 많아, 땅 고르기가 만만치 않다는 것이다. 외견상 된장으로 보이나 바짝 접근해 들여다보면 냄새(비리)가 난다. 똥색과 된장색은 같지만 냄새는 다르다. 보는 눈(관점)은 같으나 느낌은 다른 것이다.

여성이 땅 투자 잘 하는 이유를 분석해보니 남자보다 감각이 뛰어나다. 부동산에 관한 현장감을 아주 깊게 느낀다. 흥분도가 남자보다 높다. 전율을 크게 느낀다.

감정표현을 구체적으로 하는 여성이 남성보다 투자를 실행에 옮기는 확률과 배율이 높다. 머리(지식)로 투자하려는 남성보다 느낌(지혜)으로 투자하려는 여성이 꾸준히 늘고 있는 것이다.

● 부동산은 환경이다

부동산은 환경(공간의 최대 확보 및 여유의 다른 표현)이다. 환경의 두 가지
면모를 일신한다.

① 환경보호 – 자연보호
② 환경의 조건 – 입지조거 등

①, ② 모두 까다롭기는 매한가지지만 ②이 더 까다로울 수 있다. 나의
재산이 보호 받기 힘들 수도 있으니 말이다. 내 집 지붕 위로 갑자기 고
가도로가 생기는 사례도 있잖은가. 공익사업은 개인을 죽이는 공공의 적!
그런 사업이다. 事業이 아닌, 死業인 게다.

아무리 희생이 따르는 게 개발이라지만 우리 주위엔 무기가 너무 많
다. 공공의 이익은 개인 입장에선 공공의 적이 될 소지도 아고 있는 것이
다. 시한폭탄(무서운 개발)을 안고 사는 세상이다.

■ 가치의 종류

보존+보호의 가치와 개발의 가치가 상존+공존할 수밖에 없는 현실.

각기 개인에 맞추어 자기계발(개발)을 한다.

① 환경 = 백그라운드(배경 = 로비사항)

② 임야(악산)의 로비(비리)

'낙하산 = 비리 山'

『환경의 조건 = ① + ②』

산지전용 시 작용한다.

산림청장을 안 무서워하면 큰 낭패 못 면할 것이다. 악산은 낙하산의 대상물이 절대 아니다. 기획부동산의 악산은 낙하산 化가 절대 될 수 없는 법.

낙하산도 비빌 언덕이 조금이라도 있어야 하건만 양평 일부의 악산을 판매하는 기획부동산은 그런 여유가 없다.

부동산 투자자라면 반드시 읽어야 할 책

2.

왜 땅을 선택하는가?

부동산 투자하는 **큰** 이유

● 한 지붕 아래 빛과 그림자

부동산 = 변수

부동산의 변수작용이 각양각색으로 다가와 직접적으로 표현한 등식이다. 부동산은 변수이다. 그 덕에 매력도, 마력도 발산한다. 변수가 부동산의 장점이 될 수도, 단점이 될 수 있어, 어떤 사람에겐 매력으로, 어떤 이에겐 단점으로 다가온다. 정점으로도 해결하고 해석한다.

사용, 활용에 따라 결과치 및 기대치는 다르게 작용한다. 변수의 작용은 광범위한 영역구축이다. 변수가 없다면 부동산 투자자가 대거 실종되었을 것이다.

한 공간, 한 지붕 속의 두 얼굴을 만들기도 하는 부동산 변수. 빛과 그림자를 동시에 만들기도 한다.

경기도 광주 시외버스터미널과 이마트의 모습에서 빛과 그림자를 함께 만난다. 분주한 고정인구의 모습서 이마트는 분명 빛이다. 활기차다. 젊은 인구의 활동 광경을 목격한다.

반면, 터미널은 그림자의 모습. 텅텅 빈 모습이 썰렁하다. 마치 유령역 세권에 와 있는 기분.

연결성과 연계성이 부족하다.

■ 터미널이 한가한 이유

기존의 버스노선만으로도 충분한 접근도를 유지하는 데 굳이 왜 이곳에 터미널이 필요한가, 하는 의문을 강하게 갖는다. 터미널이 결과적으로 사치품으로 전락 중이라는 것이다. 잘못된 터미널의 버스노선도 한 몫 단단히 한다.

예를 들어, 서울 사당행 버스가 꼭 필요한가. 의문이 든다. 사당지역의 유동인구와 경제활동인구를 위한 것이 아닐 것이다. 강변역까지 가는 버스가 있는 상태서 무의미, 무용지물이라 본다.

인구26만 명의 경기도 광주에서 터미널의 적자가 예상된다. 출퇴근 러시아워를 겨냥한 결정은 아닐 것이고, 의문투성이다.

이처럼 부동산의 변수는 두 가지 얼굴을 가지고 있어 희망과 절망의 모습을 한 곳에서 보여준다. 절망이 전격 희망으로 돌변하는 경우도 왕왕 있어 부동산에 투자를 하는 것이다.

절망은 포기가 아닌 것. 왜? 옆의 희망 즉, 빛이 있기 때문이다. 부동산의 특징을 믿는다. 인접성을 맹신하며 위안을 삼는 것이다.

🟢 자식부자 = 부동산부자?

부자의 종류가 많겠지만 무엇이건 무조건 많이 소유 중이라고 해서 부자는 아닌 것 같다.

소유 중에 관리 및 보호가 체계적으로 이루어져야 애물단지가 아닌 보물단지로 보지(保持)될 것이다.

부동산을 많이 소유 중인 부자와 자식을 많이 소유한 부자(?) 모두 관리와 보호에 소홀하면 안 된다. 철저한 관리가 필요하다.

아파트와 토지, 빌딩, 상가, 단독주택 등 부동산을 장르별로 골고루 가지고 있는 부동산 부자와 6남매 이상의 자녀를 둔 자식부자는 전문가 이상(고수)의 관리가 필요하다.

자식 중 이담에 변호사, 의사, 대통령도 나올 수 있어 키우는(재테크?) 부모입장에선 자식들이 대단한 기대치요, 잠재력의 모토이다. 발현이다. 삶의 재료이기도 하다. 사는 이유이기도 하다.

예를 들어 아파트는 현재, 자식으로 치면 3급 장애가 있는 자녀 수위. 토지는 약간의 자폐증이 있는 자녀 수위. 그나마 희망은 단독주택이 자녀 중 가장 잠재력이 많은, 기대치가 많은 보물단지라고 기대한다. 기적도 기대한다. 장애와 자폐증이, 현대의학의 눈부신 발전으로 완치가 된다는 희망에 관한 기대치를 포기하지 않는다.

🟢 재즈의 성격 가진 빌딩

재즈는 긴 역사를 가지고 있지만 아직 대중적인 성격이 약하다. 블루스 음악도 재즈 버금가게 비대중적인 모습.

부동산의 재즈요, 블루스 모습이 지금의 빌딩의 모습이다. 빌딩은 짧지 않은 역사에도 아직 대중적인 부동산 장르에서 동떨어졌다는 느낌이 없지 않아 있다. 빌딩과 타 부동산의 경쟁은 다윗과 골리앗 싸움. 미스매치다. 싸움 결과치는 이미 정해진 상태. 경쟁 전의 예측의 정확도는 100%이다. 개성만점, 차별화 된 경쟁구도가 필요하다. 흰 바탕에다 흰색깔을 칠하면 표시, 표현이 안 된다. 말하려는 목적이 없다. 알맹이가 없다. 마치 어둠 속에서 흑인이 검은 정장을 입은 모양이다.

지금은 토지가 대중적인 부동산 종목이지만 예전(내비게이션과 인터넷 위성사진이 없었을 때)엔 그렇지 않았었다.

내비게이션으로 길을 찾고 땅을 찾는 세상이 되었다. 현지답사 전에 위성사진을 통해 인근의 접근성을 확인한다. 가격표도 대조해본다. 이러한 일련의 과정은 부지런하지 않으면 안 된다. 문명의 발달도 게으른 자에게는 무용지물이다.

재즈의 성격을 지닌 빌딩 역시 부지런한 사람에겐 아주 유용한 물건이 될 것이다.

토지의 역사가 빌딩의 역사와는 다르겠지만 빌딩의 대중화도 기대해본다. 왜? 부동산은 연속적인 기대의 사명을 띠고 있으니까.

빌딩 옆의 토지와 토지 옆의 빌딩에서 그러한 기대를 거는 것이다. 부동산의 연속성의 현장인 것이다. 빌딩은 토지를 돕고 토지는 빌딩을 도울 수 있는 상황이다.

만약 그러한 처지와 환경이 되지 않고 있다면 그 부동산은 좋은 조건의 부동산이 아닌 것이다.

● 부동산의 바닥시세와 가슴시세

토지는 바닥시세인 경우가 많다. 왜냐, 토지는 바닥면적만 존재하니까.

건물은 가슴시세(중소형빌딩)와 머리시세(마천루)가 대부분이다. 용적률, 연면적의 다중성, 다양성의 상존을 표출할 수 있으니까 말이다.

토지는 바닥시세, 땅바닥 시세부터 시작해 호가, 시가, 시세, 거래가가 형성된다.

토지와 빌딩 사이엔 아파트와 상가 시세가 존재한다.

빌딩의 시세는 투명하지만 토지의 시세는 결코 투명하지 않다. 투명하지 않다는 것은 가격과 가치의 변화도가 넓다는 의미다. 바닥의 시세서부터 시작한 가격은 가치와 개발재료의 합일에 의해 큰 변화도를 보인다.

화려한 빌딩의 시세와 달리, 토지의 시세는 초라할 수 있다. 무기체의 한계점을 여실히 보이는 것이다. 이 무기체의 맹점을 어느 분은 장점화로, 또 다른 분은 결정적인 결점화로 만들어낸다. 이 차이는 수 년 후에 수익성으로 나타난다.

● 누드형 빌딩 대세

빌딩의 얼굴, 표상은 대형 창문이다.

누드형 빌딩 = 투명하다

밖에서 내부사항이 확연히 보이는 형태의 빌딩이다. 창문이, 대형 창문이 벽의 역할을 대신해줘 시원한 느낌을 준다.

• 폐쇄형 빌딩 – 밖에서 내부사항을 볼 수가 없다. 전통적인 디자인 방식.

토지는 누드형태이지만 투명도가 매우 낮아 폐쇄형 빌딩의 모양새이다. 낮아지는 투명도, 투명성을 높이는 방도는 공약의 현실화와 실현이다.

🟢 스포츠와 부동산의 공통점

스포츠종목과 부동산 종목이 아주 당당히 우리 곁에 있다. 장르가 다양한 모습이다. 스포츠나 부동산은 우리에게 인생의 기쁨과 즐거움을 자주 안겨준다는 공통점이 있어 우리는 애써, 혹은 자연스럽게 접근한다. 우리의 일상이다. 그렇기 때문에 스포츠와 부동산은 서로 대입, 대비되는 요소도 발생한다.

아파트와 같은 공동주택의 성격을 지닌 스포츠종목은 축구. 아파트는 축구로 대입시킬 수 있다. 단독주택의 모습은 야구에 대입시킨다. 아파트의 들쭉날쭉한 인기도가 한국축구를 대변한다. 가끔 실망 시키는 A매치나 K리그 승부조작사건 등은 부동산의 아파트 미분양 및 준공 후 미분양 아파트(미입주아파트)의 모습과 매일반이라 본다. 단독주택은 전원주택의 모태가 되어 인기가도를 달린다. 이 모습은 700만 관중시대의 프로야구와 대입시킬 수 있다.

토지는 국기 태권도와 대비된다. 국기이지만 국내선 여전히 비인기종목이다. 그러나 꼭 필요한 종목이다. 뿌리, 기본이니까. 부동산의 근간이다. 뿌리다. 열매를 만드는 원료이다. 모든 스포츠의 기본은 태권도에서 흘러나온다. 우리나라 사람이면 으레 태권도를 했다고 인정한다. 군대서는 필수교양과목. 토지는 30%만 보유 중이라, 이 점에서 태권도와 성격이 다르다. 성능도 다르다.

토지가 대중적인 스포츠처럼 변할 날도 멀지 않다. 왜? 모든 부동산 안에 지분이 속해있으니까 말이다. 이를 테면, 대지 지분. 토지가 건축물로 변하는 과정이나 결과서도 토지는 여전히 위상을 알린다.

뿌리를 모르면서 부동산을 논할 수 없다고 난 본다.

● 부동산 문화와 라면문화

솔로족 급증에 따라 원룸의 급증현상이 일어 주거문화와 더불어, 음식문화도 덩달아 달라질 요량이다. 라면의 다양화에서 변화의 조짐을 손쉽게 읽을 수 있다.

부동산 광고와 자동차 광고 못지않게 라면광고의 수도 만만치 않은 수위를 달린다. 라면광고의 홍수 속에 살고 있다고 해도 과장이 아닐 것이다. 라면의 가짓수(개별적 종류)도 많고 맛도 파격적으로 달라지는 경향이 있다. 고객의 입맛에, 특히 혼자 사는 사람의 입에 맞게 만들었다. 신생

라면의 급증은 솔로족 급증과 무관하지 않다고 본다.

24시 편의점의 가짓수 또한 라면의 수와 다르지 않아, 많게 분포되어 있다. 지방 오지에도 어김없이 24시 편의점이 상존해 존재감을 여러 사람에게 알린다. 24시 편의점의 다양화와 급증현상 역시 그냥 넘기지 못할 일이다. 1~2인 가구 수가 전체인구의 절반을 차지하다보니 모든 게 간편하고 간결해지려 하지 않나 싶다.

문제는, 1~2인 가구 수가 계속 증가일로를 걷는다는 것, 아니 달라진다는 것이다. 다양한 라면문화는 부동산 문화와 사회문화를 바꿔놓고 있다. 원룸문화와 라면문화는 계속해서 상관관계를, 정비례 곡선을 탈 것이다. 도시형 생활주택의 다량 출현으로 라면문화의 다양화를 보게 된 것 아닐까?

도시형 생활주택의 난무는 곧 아파트 미분양시대와 연결되고 아파트 미분양시대의 도래는 차후, 전원생활의 유지라 볼 수 있겠다. 현대인은 아파트 생활보다는 전원생활을 더 원한다. 그 귀로의 점에 선 부동산 형태가 도시형 생활주택인 셈이다. 더불어, 과도기 기점에 선 것은 전원주택이라 본다.

● 왜 고시텔 급증현상이 일고 있나?

준주택(세컨드주택의 일부 개념)이라는 도시형 생활주택의 계속된 증가현상은 예약 없는 장기불황과 결코 무관치 않다. 노숙인의 급증현상과 무관하지 않으며 준노숙인과 관련 있다. 갈수록 생활이 어렵다. 고시원과 고시텔이 늘고 있는 이유가 여기에 있는 것이다.

원룸의 급증현상은 기하급수적으로 늘고 있는 이혼율과 별거율과 관련 있다. 솔로족 급증과 더불어 말이다.

고시텔 급증현상은 불경기의 장기화와 관련 있다. 꾸준한 실업률의 증가와 관련 있다. 이유 없이 놀고 있는 청년이 늘어나고 있다. 청년실업률이 증가하고 있다. 조기은퇴자가 늘며 비정규직 인구 역시 급증하고 있다.

판사, 검사, 변호사 되는 것이 내 집 마련의 꿈보다 더 컸던지라 고시원이 많아진 것이라 분석된다. 판사 되는 게 내 집 마련의 꿈과 같거나 컸던 모양이다.

공급과잉이 낳은 패착은 큰 착각현상! 현실적으로 고시원은 준노숙인 혹은 노숙인의 숙소 노릇을 하고 있다.

🟢 변액연금보험과 땅 투자의 공통점

■ 변액연금보험과 땅 투자의 공통점

10년 동안 보유할 자신 있는 자에 해당된다. 한방+한탕주의자는 주의를 요한다. 그러한 목적이라면 얼씬도 하지 말아야 한다.

■ 땅 투자와 아파트 투자의 공통점

10년 이상 보유할 능력이 있는 자에 해당된다.

모든 부동산이 장기 투자 상품으로 변형되는 추세다. 즉, 실활용이 목적이 되고 있다는 것.

마치 기계 등의 공산품과 같이 실생활의 대상물이 되는 것이다. 거래보다 보유에 더 신경 써야 할 것이다. 보호하는 방법과 관리방법을 취득하여야 할 것이다.

거래량보다 보유기간에 예민해진다. 부동산 주인이 자주 바뀌는 현상이 잦아진다는 것은 한방주의가 만연하고 있다는 방증. 부동산 장기 보유자에게 혜택(세제 완화)이 주어지는 제도가 필요하다. 우리는 세금에 아주 민감한 민족이지 않는가.

🟢 왜 사람들은 부동산에 투자하려는 걸까?

『공정성과 투명성의 사각지대에 놓인 우리나라의 부동산!』

왜 사람들은 부동산에 투자하려는 건가? 에 대한 솔직한 대답이다.

삶의 대안인 양 여전히 부동산의 틈새를 노려보고 있다.

공정성과 투명성.

이 두 가지 성질 때문에 부동산 투자를 하려는 것이다.

이상한 두 가지의 성질 때문인 것이다. 공정성과 투명성의 방어적이고 반어적이 바로 그것. 공정하지 않다. 그래서 투자한다. 투명하지 않다.

만약, 부동산이 공정하다면 재테크의 의미가 상실한 상태일 것이고 투명하다면 부동산 정보가 무용지물, 무의미해질 것이다.

부자는 거액으로 재테크 활동을 할 것이고 일반서민들은 소액투자활동에 전념한다. 참으로 공평하지 못하다. 경제인이나 정치인 등 힘 보유자가 정보를 보유하게 되는 것이다. 정보 공유자는 따로 있는 법.

현실이다.

공정성과 투명성 없는 부동산 세계는 정실주의가 만연하는 곳이다. 이런 상황을 부동산의 틈새로 여기는 것 같다. 부동산이 공정성과 투명성이 확보되지 않았기 때문에 빈부의 격차는 점차적으로 벌어지는 것이다. 부자는 계속 부자로 살고 빈자는 계속해서 빈자의 모습에 머무는 것이다. 부동산의 세계 속에서 말이다.

🟢 아파트 시장의 블랙박스

나무를 심는 것도 중요하겠지만, 기존의 나무들을 보호+관리를 잘 하는 게 더 중요하다. 잘못된 보호와 관리에 수 십 년간 보존되어온 울창한 숲을 한순간의 부주의로 홀랑 날리는 경우를 자주 본다. 철두철미한 관리가 아쉽다.

개발을 하는 것도 중요하겠지만 기존 개발된 곳을 개보수를 하거나 철저히 관리하는 것이 더 중요하다. 난개발은 소모전, 연속적으로 국고의 손실을 입히기 때문이다.

나무를 심는 것도 중요하지만, 숲을 관리하는 게 더 중요하다. 아파트를 새로 짓는 것보다는 기존의 아파트 숲을 관리하는 게 중요하다. 실용적이다. 미분양아파트를 줄이는 유일한 방도이다.

아파트 시장에 블랙박스가 필요한데 그것은 아파트 공급을 막아야 하는 것이다.

무주택자가 줄지 않고 계속 늘고 있다는 것은 아파트 공급량의 무의미함을 직접적으로 방증하는 것이다. 아파트 공급량은 계속 늘고 있지만 수도권의 무주택자는 늘고 있는 판국. 지방은 그 반대 현상이 일어나고 있다. 이것은 분양가격서 갈린 통계다. 여전히 수도권의 아파트 가격은 거품을 동반한 상태다. 무주택자가 접근 안 한다. 가치도 물론 없다는 판단도 들어서겠다. 공급량이 늘어난다고 가격이 안정되는 것도 아니다. 세종시 등, 여러 지역에서는 여전히 거품 논란이 일고 있고 판교신도시 역시 매한가지.

지역의 인구수와 신도시 분위기에 비해 거품가격이 심각한 상황이다. 거품가격은 떴다방들이 만든다.

02 지가이동의 **재료**

🟢 서울사람보다 시골사람이 더 잘 산다

시골오지사람과 서울사람과 삶의 질을 따진다면 많은 차이가 날 거다. 귀농과 귀촌을 범국민적으로 권장하는 세상이 되었다. 현실적으로 시골사람이 서울사람보다 더 잘 산다.

시골의 오지사람은 서울사람과 달리, 집 걱정, 부동산 걱정을 안 한다. 덜 한다. 덴마크, 룩셈부르크, 네덜란드와 같은 선진복지국가처럼 말이다.

· **시골오지사람의 환경여건** = 집+땅(농지)+차를 보유하고 있다.

전월세는 거의 존재하지 않는다. 극히 드물다.

· **서울사람의 처지** = 집만 보유. 전월세 사는 사람이 절반 안팎.

땅을 가진 사람이 없다. 농사짓는 이가 있을 수가 없는 지경이니 말이다. 서울에서 차는 있을지언정 집 이외에 땅을 가진 사람은 거의 없다.

전체인구수의 36%인 1800만대의 차량이 한반도를 매일 가로지르는 중. 이동 중이다.

지방의 주택보급률은 평균 100%를 계속 상회 중이다. 정부차원서 대대적으로 귀농 및 귀촌정책을 펴도 버려진 농가주택 및 폐교와 폐가가 여전히 급증 중이다. 서울의 주택보급률은 계속 감소세이다. 아파트미분양의 영향으로 내 집 마련에 관한 강한 의지력이 점점 떨어지고 있다. 가치를 크게 의심하는 것이다. 아파트의 매력을 상실하였다.

수도권의 인구밀도는 계속 높아지고 있지만, 정부와 각 지자체의 귀촌정책 등 강한 노력에도 불구하고 지방의 인구밀도는 갈수록 낮아지고 있다. 경제적 가치로 따진다면 서울이 시골보다 훨씬 앞서나 삶의 질로 따진다면 시골이 서울을 수 십 배 앞서고 있다. 돈이 곧 진리는 아닌 것이다.

아시아의 부탄이라는 작은 국가는 세계적으로 삶의 질이 1위. 방글라데시가 그 뒤를 묵묵히 잇고 있다. 삶의 질을, 행복지수를 높이는 것은 각자 나름대로의 '품'을 유지시키는 것이라 본다. 나의 이미지가 더 중요하다. 남의 이미지 따위는 불필요하다.

거부(巨富)가 천식인 이건희 회장과 가난이 직업이라던 천상병 시인의 삶의 질은 확연한 차이가 난다. 과감하게 가감 없이 난 후자를 선택한다. 과거, 무조건적으로 100% 전자를 선택하던 젊은 사람들도 후자의 손을 많이 들어주고 있는 형국이다. 확실히 삶의 질이 높아졌다는 증거이다.

🟢 아파트 가치와 땅 가치 갈수록 벌어지는 이유

아파트의 가치와 땅의 가치가 점점 벌어지고 있다. 그 이유는 기대심리 때문.

분양성적표는 물론이고, 입주성적도도 안 좋아지는 아파트에 관한 기대심리는 거의 절망적 수위! 강남부자들도 아파트에 큰 미련 안 둔다. 차라리 중소형 건물이나 전원주택으로 발길을 옮긴다. 틀에 박힌 디자인의, 구태의연한 아파트시장에 비해 건물이나 전원주택시장은 폭이 넓은 편. 활용도가 넓다.

특히 토지시장의 경우, 건부지 매입 후 자신의 기획대로 활용한다. 한옥을 짓든, 전원주택을 짓든, 펜션을 짓든, 땅을 통해 창조적인 활동을, 활용한다. 투자 겸 실수요 목적으로 들어가 안정감 있는 움직임을 보이고자 하는 노력이 보인다. 이런 이유로 아파트 가격이 소강세를 이어갈 때 땅값은 수십 개월 째 속등세를 유지 중이다.

부동산의 폭등세 현상이 사라진 마당이라 땅 역시 폭등세를 보인 곳을 찾기는 아주 힘들다. 안정적이고 미래지향적인 투자방식을, 아니 매입방식을 취하는 분이 늘고 있다. 안정적인 매입이 곧 투자라는 말이다.

지방의 아파트시장이 좀 좋아지면 수도권이 힘들어지고, 수도권 아파트에 미분양이 줄면 지방이 비상 불이 켜져 대한민국의 아파트 시장은 좀체 종잡을 수 없는 지경+구도이다.

이에 반해, 토지시장은 비록 속등세이지만 지방과 수도권 구분 없이 전국적으로 평균적으로 떨어지는 경우는 극히 드물다. 양극화가 덜한 편이다.

여하튼, 토지의 가치와 아파트의 가치는 현재의 상황으로 보아 계속 그 격차는 벌어질 것으로 보인다.

● 부동산 투자하는 5가지 이유

① 부동산의 최초 가격 : 존재

　부동산의 최종 가격 : 미존재(부동산 주인이 존재하는 한)

② 개발지(완성)의 수 < 개발예정지의 수

부동산의 완성품은 존재할 수가 없으므로 부동산의 최종가격은 없는 것이다. 왜? 부동산의 소프트웨어는 영원불멸하겠지만 하드웨어는 수명이 그다지 길지 않기 때문.

③ 정기적이고 반복적인 부동산 규제 완화정책

　(대사가 있을 시 정부의 약속은 공약사항 버금감)

• 대사의 예 – 선거, 엑스포 등
• 완화의 예 – 토지거래허가구역 해제(단기규제서 해방, 4~5년 만에 해제), 그린벨트(장기규제서 해방, 수십 년 만에 해제)

④ 기대심리 = 틈새

　틈 = 경매, 공매, 급매

가격파괴의 현상이지만 가치의 파괴는 아니다.

틀에 박힌 모습이 아닌 것 = 틈

부동산의 기회(=또 다른 모습의 가치) = 크고 작은 여러 모양의 풍선효과

예) 아파트시장이 죽자 토지시장이 살고 아파트 대신 도시형생활주택 시장이 어깨를 펴고 있다.

⑤ 브랜드가 곧 프렌드인 세상, 시장

예) 빌딩 – 지역의 랜드 마크 역할을 톡톡히 해낸다. 랜드 마크 타워의 파워!

삼성동 무역센터가 그 좋은 실례.

결국, 부동산 투자를 하는 이유는 무한한 기대심리와 막연한 희망의 구석이 언제 어디에든 존재하고 있다는 심증을, 아니 물증(성공사례)을 확보하고 있다는 또 하나의 기대 때문이다.

부동산 부자를 롤 모델 삼아 희망을 버리지 않으려 애써 노력 중인 것이다. 불경기를 모르고 잊고 사는 부동산 부자를 보면서 말이다.

● **지가이동의 재료 순위**

지가이동의 재료 순위를 정하고자 한다.

- 1위 : 정부 및 지자체의 개발계획발표

 - 아직까지도 개발지보단 미개발지가 훨씬 많은 개발도상국가의 숙명이자 숙제.

 251개 지자체 중 군 단위의 지자체가 시 단위의 지자체보다 훨씬 많은 가운데 도시지역의 비중도 낮은 편이다. 16%선에서 이동의 폭이 없다시피 한다. 농림지역 내 농업보호구역의 관리지역 세분화의 확률, 비중보다 상대적으로 낮다.

 개발계획의 발표를 통해 해당지역의 용도가 변해 사람의 삶의 질도 달라질 수 있는 것이다.

- 2위 : 정부의 규제완화 발표 (예. 그린벨트 해제)

 - 재산권행사를 오랜만에 발휘하는 계기를 맞는 해당주민들의 각오는 색다르다. 희망에 부풀어 있다.

 개발행위를 하면서 투기꾼은 안 생긴다(물론, 악용하는 자가 나타날 수도 있다. 그러나 완전 범죄는 없는 법). 올바른 부동산 거래형태가 발현하는 계기 또한 마련되는 순간이다.

- 3위(마이너스 1위) : 정부의 부동산 정책발표 (예. 2012. 5.10 부동산정책)

 - 개발계획과 규제완화 발표에 비해 투자예정자들의 반응도는 차가운 수위.

 각종 정책의 난발보단 무대책이 역시 상책이라는 의견이 지배적이다. 대다수의 국민들은 정책 난발 대신 규제완화를 원한다. 그리고 정부도 그

쪽 방향으로 대거 선회하여야 한다. 왜? 개발계획보단 비용과 시간 면에서 훨씬 적게 들거나 실용적이니까 말이다.

재개발 > 신개발
(자연 < 인간)

자연을 보호하고 보존은 하되(사랑을 하되) 인간이 우선적으로 재개발(사랑)의 대상이 되어야 한다(인간 사랑이 우선). 단순히 사업성을 따지기 보단 삶의 질을 따지는 편이 낫다고 보는 것이다

엄격히 따진다면 현실적으로 지가이동의 0순위는 아파트의 몰락이다. 부동산의 꽃이라던 아파트의 몰락은 토지의 관심도를 부를 큰 재료감 임엔 틀림없다. 늙은 꿩 대신 싱싱한 오리 알을 선택한다. 새끼 오리를 스스로 키우겠다는 적극적인 다짐.

행복은 부동산의 양(數)의 순(순서)이 아니다. 행복은 부동산의 질이다. 보유수보다 활용가치에 비중을 더 둔다.

● 재개발, 재건축, 뉴타운은 투자종목 아니다

재개발, 재건축, 뉴타운 개발지역을 투자처로 생각하고 있다는 것은 아직까지도 아파트에 큰 미련(기대심리)을 두고 있다는 말이다. 아주 미련스런 생각이다.

재개발 등을 투자종목서 제외시키는 것은 아파트 미분양시대가 끊어지지 않을 것이라는 우려 때문이다. 재개발 등을 할 때는 꼭 대단위 아파트가 들어서니 문제. 단독주택을 더 많이 짓는다면 문제는 달라질 수 있지만 단독주택을 짓는다면 사업성을 문제 삼을 것이다.

■ 뉴타운, 재개발 진행이 늦어지는 이유

① 원주인, 원주민(토착민)은 오랜 세월 보유 중이던 금쪽같은 내 집을 상실해버린다. 정부는 더 좋은 집으로 환골탈태 시켜주겠다고 꼬드겨 빚쟁이를 만든다. 웃돈이 상상을 초월해서다.

② 지나치게 사업성을 따진다.

조합입장 – 사업성

조합원입장 – 수익성

재건축과 재개발, 뉴타운을 새테크 종목으로 상용하려는 만이 위험한 생각인 것이다.

■ 재건축, 재개발이 투자처가, 투자종목이 아닌 더 큰 이유

붕괴위험에 처한 해당부동산을 하루빨리 구제, 구원해야 한다. 구제, 구원의 사명 외의 또 다른 이유는 사치에 불과할 뿐이다.

뉴타운 = 사치

왜? 불요불급한 광범위한 개발행위니까. 불요불급한 공사는 사치에 불과한 것이다.

● 공산품과 다른 부동산의 또 하나의 기대

• **자동차** – 시간이 흐를수록 가치가 떨어진다. 부품이 단종도 된다. 스타일이 바뀐다. 모델이 다양화 되고 있다.

• **부동산** – 시간이 흐를수록 가치가 높아진다. 재료(원료)가 단종 안 된다.

땅은 재료의 단종과 무관하다. 땅의 재료는 자연이기 때문이다. 물리적으로 수명은 무한대이다. 그 밖의 지상물의 부동산은 물리적으로 수명이 한정되어 있다. 아파트는 재건축, 단독주택은 재개발을 통해 수명 연장을 구한다. 바란다.

부동산은 시간이 흐를수록 물리적으로는 수명이 다하지만 행정적(정부의 개발정책 및 규제완화책 등)으로는 가치가 높아진다. 덩달아 경제적 가치가 높아진다. 사회적 가치도 높아진다. 문화적 가치가 높아진다. 역사적 가치도 높아만 간다.

부동산은 마치 골동품이나 그림, 유적처럼 세월이 흐름에 따라 문화적 가치가 높아진다(부동산의 습성 = 문화재의 특질. 단, 문화재보호구역의 지정은 별도의 사항).

부동산을 오랜 세월 보유하다보면 큰 변화의 물결을 맞기도 한다. 개발지를 목격하는 일이 발생한다면 주인 입장에선 일단 성공이다. 개발지는 물론이고, 그 인근 지역에도 희망이 있는 이유는 개발지에 정부가 투기를 부추겨서 일 것이다. 보상비 받은 전 지주들에게 개발지 인근에 대토 시, 취득세 면세의 혜택을 준다. 부동산 투자하는 기대심리가 발동한다.

세제혜택에 힘입어 난생 첫 투자를 해본다.

허나, 과욕이 머리에 차는 바람에 금융 대출을 받아 무리하게 투자를 한다. 개발의 백지화 및 지연화가 된다면 큰일을 치르게 된다. 이런 사례는 파주 신도시 등지에서 발견된 바 있다.

• **자동차** – 매입하는 기대심리가 단편적이고 다양하지 않다(only 물리적)
• **부동산** – 투자하는 기대심리가 이중적이고 다양하다(물리적 기능 외에 다른 변수작용을 기대한다)

🟢 아파트가격과 땅값

아파트 가격과 땅값의 차이점은 많다고 본다.

둘 다 사람에 의해 정해진다. 둘 다 인위적인 면과 환경적인 요인이 마치 첨가물처럼 첨가, 간섭되어진다.

아파트 가격은 국가와 지자체가 관여한다. 대추 놔라, 감 놔라 적극 간섭한다.

땅값은 안 그렇다.

국가와 지자체가 만약, 관여한다면 사생활 침해 논란이 심해질 것이다. 사유재산권 침탈을 운운하게 될 것이다. 소송감도 될 수 있다.

분양가상한제 적용도 아파트에 한해서 한다. 땅은 적용대상이 못된다. 왜? 미개발지가 전국적으로 사람들을 몰라보게 산재해 있으니 그런 것이다. 아파트에는 미분양이라는 말이 입버릇처럼 달려 있다. 악성 미분양은 땅에게 절대 붙이지 않는다. 아파트에 한해 붙여진다. 명명되어진다. 준공 후 미분양은 땅에게는 절대 포함되지 않으니 말이다.

이러한 이유로 땅값은 어지간한 사고가, 사건이 없는 한 떨어지지 않는다. 개별공시지가는 꾸준히 움직인다. '공시'는 가격에 관한 일종의 경종도 되겠지만 세제의 직접적인 연관이 있다 해도 과언이 아닐 터.

■ 결론

아파트 가격은 국가와 지자체, 그리고 주민이 함께 공유하면서 정해지나, 땅값은 지주의 일방적인 의지에 따라 정해진다. 이러한 이유로, 5만 원짜리 오지 땅값이 그 다음날 일어나 보니 7만원이 되기도 한다. 1만 원짜리 땅이 그 다음날 두 배로 오르기도 한다. 지주가 정한다. 지주가 가치는 차치하고 가격의 칼자루를 룰 없이 쥐고 있는 형편이다.

공공 및 민간의 분양가상한제는 땅에게 붙여지지 않는다. 땅값이 자율적으로 오르는 토대가 분양가상한제의 존재와 존재하지 않음이다.

● 아파트 반값 할인 없다!

간혹, 도통 납득이 안 가는, 믿을 수 없는 부동산 광고를 접하곤 한다. '아파트 반값 할인'이 그것.

어느 누가 봐도 순진한 사람들을 꼬드기는, 유혹하는 강력한 미사여구임엔 틀림없겠다. 즉, 연출인 것이다. 아파트 가격이 반값이 될 수 없는 이유는 여러 가지다. 그 중 지자체와 부녀회, 중개업협회 등지에서 힘을, 영향력을 발휘한다. 가한다. 왜 아파트 값 떨어뜨려!! 볼멘 원성을 넘어 협박하는 지경에까지도 이른다.

땅은 이러한 추태와는 다르다. 땅값은 빈값이 존재한다. 극성맞은 부녀회가 존재하지 않는다. 가격이 개인적이고 일방적이다. 만장일치제도가 적용된다.

부동산 가격+개별사항은 거의 쇼에 근접하다. 거의 인위적으로 부동산 시장이 장식 내지 희생하니 말이다.

대한민국엔 반값 아파트가 존재할 수 없다. 그러나 반값 토지는 존재할 수가 있다.

아파트 내신 토지를 찾는 이유다.

개발이 끝난 상태 즉, 완성품의 아파트에 비해 개발예정상태의 토지는 반값 형태가 다양하게 전국적으로 포진해 있다.

아무리 많은 발품을 팔아도 반값 아파트는 발견할 수가 없지만 토지의 반값은 어느 수위의 발품을 팔면 발견할 수 있다.

반값 아파트 운운하는 자들은 과거, 돈 놓고 돈 벌던 아파트시장을 그리워하는 것이다. 지나치게 과거에 연연하지 말자.

● 땅값이 출렁이는 이유

경기도 광주시는 성남~여주 간 전철공사의 영향력에 따라 미래가 아주 밝은 곳이다. 4개의 역세권이 형성되는, 신 강동권을 바라는 곳이다.

투자자들의 문의가 아주 많은 곳이다. 흥정이 많다보니 다양한 일도 벌어진다.

경기도 광주 땅을 문의하는 분들의 일관된 공통점은 무조건적으로 가격을 깎아내려한다는 것이다.

거래가격은 150만 원대이나, 구매자들 입장은 확연히 다르다. 100만 원 이하로 내몬다. 80만원까지도 일방적으로 정한다. 어느 분은 왜 평당 50만 원 이상이 쌉니까? 하고 묻는다. 우문이다. 투자자들은 시세보다 저렴하면 물건의 하자부터 의심하는 습관이 있다. 지주가 싸게 내놓는 배려의 마음을 오히려 이상한 해석으로 몰면 어디 세상 살겠는가.

부동산이 싸면 무슨 하자가 있어서 그런 거 아닌가 하는 일방적인 매수자들의 의식부터 깨지 않는다면 거래량은 크게 늘지 않을 것이다

땅값 출렁이는 이유는 전적으로 지주와 매수자의 몫이다.

평당 150만 원짜리 땅을 평당 80만 원에 팔아도 문제점을 크게 제기할 개인(사람)이나 단체(정부 등)는 없다. 아파트와 다르다. 아파트 가격은 반값이 없기 때문이다. 상한선이 존재한다. 땅은 상한선이 없다. 부동산의 특징 중 하나인 개별성과 연결된다.

3.

땅의 위력은
잠재력이다

01 부동산의 **동산화** 요인

🟢 부동산의 물리적인 면과 행정적인 면

부동산의 물리적 현상과 행정적인 면은 정실주의와 마주칠 수 있어 편법을 인근에 둘 수 있다.

■ 민원인과 공무원 사이

적절한 관계를 유지하며 적당한 거리를 둔다. 각종 청탁, 로비에 무감각하게 움직이면 큰일!

■ 관청이 주택가에 있는 이유

민원인(고정인구 · 주거인구)의 접근도를 높인다. 반드시 접근도가 밀접한 관계를 유지한다는 것은 아니다. 공생 관계서 일정량의 거리를 둔다.

건물과 건물 사이 역시 50Cm 거리를 둔다. 공생+공존공생 하지만 거리를 두어야 한다고 보는 것이다. 건축법이 만든 결과이다. 허나, 이 법도 개정되어 건물과 건물 사이가 좁혀지고 있다.

민원인과 공무원 사이, 건물과 건물 사이에 무엇이 있는가.

민원이 꼭 발생한다. 정실주의가 만연한다. 규정과 규율, 규칙, 자주법 (조례)만 고수하면 환경+처지에 문제가 발생할 리 없다.

쓰레기통은 쓰레기를 버리라고 존재하는 법. 쓰레기통이 비어 있는 그날이 언제일까.

건물과 건물 사이는 법 개정으로 좁혀질 수 있지만 공무원과 민원인 사이는 일정거리를 꼭 두어야 한다. 민원인과 공무원 사이의 습관, 관례화가 문제화 될 수 있다. 그래야 쓰레기통이 없어진다.

🟢 노는 물이 다르다

물은 다르다. 노는 물은 다 다르다.

- 물 값 = 가치(물리적 가치가 아닌, 행정적 가치)
- 한강의 가치 = 대도시의 가치로, 특별시 대접을 받지만 즉, 1급수에 해당되는 도시지만(행정적으로) 물리적으로 1급수는 아니다. 그다지 깨끗하지 못하다. 한강의 기적은 분명, 물리적인 영향으로 이룬 것은 아닐 것이다.
- 낙동강의 가치 = 도농복합도시급수
- 금강의 가치 = 역시 도농복합도시급수
- 압록강의 가치 = 물리적 가치는 만점이겠지만 행정적인 가치는 제로상태

- 동강의 가치 = 관광도시급수. 물리적인 면에서 호평 받는 상황이다.
- 섬진강의 가치 = 역시 관광도시급수

분명한 사실은, 한강만한 강은 행정적으로 없다는 것이다. 한강과 견줄만한 강은 없다. 왜? 한강의 기적은 있어도 동강의 기적은 존재할 수 없으니까. 현실이다.

물은 위치, 지역에 따라 깨끗하기도 하고 더러워지기도 한다. 공장 인근의 물은 오염도가 높을 수밖에 없다(물리적이거나 자연적인 상황은 거짓말 하지 않으나 인위적으로 이동하는 부동산은 연출의 상황이 들어갈 수밖에 없다. 항시 이중성에 노출되어 있다. 단, 자연의 이중성은 단순한 자연재해 등이다. 자연재해 등을 거짓과 사기로 표현하는 인간은 없기 때문이다).

주거지역의 인근의 물은 상황이 다를 수 있다. 다른 환경을 만나기도 한다.

강의 오염도에 따라 지역경제의 발전도를 체크, 혹은 테스트하기는 어렵다. 경제발전이 많은 곳의 강이 더 더럽고, 깨끗한 지역일수록 오지라고 단정지어 표현하기는 무리수가 좀 뒤따른다. 도심 속의 강이 맑아지는 추세이기 때문이다.

물의 위치가 오지냐, 대도시냐에 따라 물의 가치가 정해지는 게 현실이다. 노는 물은 위치가 괜찮다. 좋은 위치는 좋은 환경을 만든다.

경제적 인프라스트럭처 구축이 우선이고 그 다음이 자연적인 요소와 물리적인 요소인 것이다.

개발지역 모습에서 꼭 환경파괴 논란이 일고 있다. 환경이 파괴되면 미생물과 생물들이 죽는다. 짐을 싼다. 이사 한다. 즉, 물이 혼탁하여진다는 방증.

물의 환경을 완벽하게 보존한 채 개발을 할 수는 없다. 물이 너무 맑으면 고기가 안 몰린다는 속담은 속담일 뿐이겠지만 현실적으로 개발의 축에 따라 물의 흐름도를 변화무쌍하게 흐르게 해야 한다. 물 자체는 자연이니까.

인공적인 요소는 소모전이다. 적절한 자연환경을 보존한 채 개발을 해야지, 완전한 보존과 보호를 우선적으로 한 가운데 개발을 한다는 자체는 현실성이 낮다고 본다. 인간이 우선이지 동물들이 우선순위가 아니기 때문이다.

단순히 자연과 동물이 받을 상처의 우려 때문에 인간의 가슴에 상처를 주는 일은 없어야 한다고 본다. 천연기념물과 문화재 등을 보호하고 보존하기에 앞서 인간을 보호하는 제도적 장치가 마련되어야 한다는 것이다

결국, 인간의 상처는 자연이 주는 것이 아니라 인간 스스로가 주는 것이다.

🟢 부동산의 성장통과 키 크기

사람의 몸의 성장과정은 길지 않다. 태어난 지 20년 전후로 성체가 된다. 갈수록 성체가 될 수 있는 기간이 짧아지고 있다. 성조숙증에 걸린 아이들도 늘고 있다.

먹을 것이 풍부하고 생활의 여유가 뒷받침된다. 서구적인 영양식의 보

충 및 영향도 무시할 수 없다. 평균적으로 16세 전후로 다 자란다. 1년 기준으로 가장 많이 자란 양이 10Cm 이상인 경우도 많다. 0세~10세까지는 매일매일 자란다고 소아청소년과 의사들은 말한다. 20세가 넘으면 더이상 자라지 않는다. 자라는 동안 다치기도 하고 죽을 고비도 여러 번 넘긴다. 그러면서 어느 덧 성인이 되고 만다.

부동산도 사람의 성장과정과 같은 인생역정을 겪는다. 인생항로를 걷는다. 사기도 당하기도 하고 규제의 사슬에 묶여 초상집 분위기도 겪기도 한다. 새 주인을 맞이한 부동산과 신축 부동산(토지는 예외사항)은 탄생일이 존재한다. 새 부동산의 모습이다. 사람으로 치면 0세 아이의 모습.

부동산의 성장통 = 부동산 개발에 관한 이슈

· 신축부동산(준공일 기준) – 물리적으로 만점
· 부가가치 – 변수작용을 한다. 여러 모양의 변수작용으로 부가가치가 나름대로 정해진다. 최종적으로 부동산 주인이 가치를 결정한다. 결제한다.

20년 될 때까지 위치와 환경에 따라 다르겠지만 꾸준히 커간다. 자란다. 키가 자란다. 부동산이나, 사람이나, 물리적 · 신체적으로 한계선에 부딪치고 있지만 부가가치는 달라진다. 높아진다. 잠재력의 발휘이다. 사람은 세월이 지나면서 지혜를 얻는 대신 몸이 쇠약해진다.

부동산도 시간이 지나면서 가치는 높아질 수 있으나 외부적인, 물리적인 상황은 쇠잔해진다. 재건축과 재개발을 필요로 한다.

사람에겐 사는 동안 지혜를 가질 수 있는 기회가 무궁무진하게 찾아오고 부동산은 개발의 이슈에 관한 결과치를 얻는다. 부동산 주인들이 가지고 있는 이유가 되기도 한다. 보유 연유이다.

● 부자의 형태 및 목표

부자도 노력한다. 범민이 볼 때 모든 것을 다 가진 것처럼, 이룬 것처럼 보일 테지만 실정은 안 그렇다. 부자의 유형은 제각각이지만 그다지 다양하지 않다. 돈을 더 벌기 위해 열심히 노력하는 욕심이 아주 많은 부자(범례 – 대기업 재벌)와, 건강에만 집중하는 부자가 있다.

중요한 것은, 건강 유지를 위해 열심히 노력하는 부자는 욕심이 많은 부자가 아니라는 사실이다. 건강을 지키는 것보다 돈을 지키는 것이 더 어려운 사람이 있는가 하면, 돈을 지키는 것보다 건강을 지키는 것이 더 어려운 사람이 있을 수 있으나, 전자의 경우가 훨씬 많은 상황이다. 왜? 절대 돈 나고 사람 나지 않았으니까. 경제도, 돈도 사람이 만들고 있지 않은가.

부동산의 변화 역시 사람의 활동량에 의해 그 넓이와 형태가 만들어진다. 주목 받게 된다.

부동산 부자의 형태도 둘로 나눌 수 있다.

과욕에 찬 부자가 있는가 하면 현재의 부동산들을 보호 관리하는 쪽에 집중하는 부자가 있다.

후자의 경우가 현명한 부자라 본다.

예를 들어, 보유한 땅을 전용화 해서 2차 개발에 집중하는 것.

이러한 과정을 거치면 자연스럽게 매수자와 매수예정자들이 대거 몰리게 된다. 환금화 작업이 속개 되는 순간을 맞는 것이다.

과욕에 찬 부자의 경우, 시세차익만 바라게 된다. 전매작업을 하는 부자도 나타난다. 지나친 거품가격에 팔고자 노력한다. 마치 기획부동산 업자처럼 말이다.

부자가 빈자도 될 수 있는 세상이다. 부자는 최소 3년은 간다는 말도 무색하게 되는 세상이다.

챔피언의 자리는 얻기도 힘들지만 지키는 작업이 더 힘들다. 영원한 챔피언은 없는 법이니까.

부자라고 해서 교만 떨 필요 없고 가난하다고 포기할 필요 없는 이유다.

● 부동산의 동산화 요인

부동산은 물리적 요인과 행정적(산술적) 요인에 의해 동산화 되는데 물리적 요인은 절대 행정적 요인에 의해 관철된다. 농지의 전용화 및 산지 전용화 중 한 과정인 형질변경, 지목변경 등은 절대적으로 행정적 요인에 의해 법적 절차가 무난히 진행된다. 행정을 무시한 채 개인이 일방적으로 탈법으로 움직이면 차후, 원상복구 해야 하는 번거로움과 강제이행금에서 자유로울 수 없게 될 수 있다.

물리적 요인 = 외부적 사정

행정적 요인 = 내부 사정

　내부사정에 따라 외부사항이 변할 수 있다. 이동할 수 있다. 즉, 토지이용계획 확인원상 규제 사슬 안에 있다면 외부적인 모습은 변할 수 없어 부동산의 가치가 없다. 규제 수위가 높으면 행정적 요인은 무용지물인 것이다. 규제 수위가 낮다면 행정적 요인에 의해 기사회생, 전화위복의 기회도 찾아 올 수 있다. 이를 테면, 토지거래 허가구역 내에서 개인적인 개발행위. 해당지자체의 지원사겨을 받을 수 있다. 지지체는 개발행위를 믹을 리 없다. 막을 까닭이 없다. 공법이 허락하는 범위에서 개발이익과 정보를 민원인에 준다. 해당지역의 공무원의 임무다. 혹은, 농림지역 내에 특용작물재배(관리사). 역시 해당 지자체의 지원 대상이 될 수 있다.

기술적인 요소(재테크의 발현) = 물리적+행정적

기술적 요소 = 노하우

● 부동산 투자는 미래예측 과정

　토지투자는 미래예측의 과정. 즉, 용적률, 연면적을 예측하는 행위다. 바닥면적인 건축면적은 매입 평수.

　미시적 개발이든 거시적 개발이든 땅의 용적률은 땅의 미래요, 땅의 성적과 직접적인 관련 있는 성장의 과정과 결과로 요약할 수 있다. 잠재력이 높은 땅은 용적률 성적이 좋은 편.

예) 일반주거지역(150%)이 일반상업지역(800%)로 변하면 무려 650%의 개발비율(개발의 양)의 변화를 가져올 것이다. 개인적 용도변환은 힘들지만(개인적으로는 형질변경 등이 가능), 잠재력과 용적률은 거의 정비례한다고 본다.

땅의 미래는 용적률을 알아보는 작업부터 시작한다. 용적률을 분석할 땐 내 땅 자체서 움직이면 안 된다. 내 땅의 도로사정과 그 외, 연계성을 본다. 주변사항과 환경을 확인하는 작업도 잊지 말아야 한다.

거시적 개발사항(예. 신도시개발)에 예민할 수밖에 없는 땅이라 할지라도 일단 해당 땅의 용도와 신분은 변하기 때문에 땅의 신분 즉, 용적률 상태를 알아보는 것이다. 용적률이 먼저 높아지면서 인구가 증가하는 경우와 인구가 늘면서 용적률이 높아지는 경우가 있으나, 전자의 경우가 많이 일어난 게 현실. 후자의 경우는 인근의 개발사항에 영향을 많이 받는 케이스. 예컨대, 산업단지가 크게 형성되어 고정인구, 경제활동인구가 자연적으로 발생해 주거지역의 형성이 불가피한 경우라 하겠다.

● 결혼과 부동산 투자

"왜 그 사람과 결혼을 하는 거지요?"

"그 사람을 매우 사랑하니까"

천만에 말씀이다.

반려자의 매력에 흠뻑 빠져 결혼 결정을 하는 건 아닐까.

그 매력의 종류는 아주 다양하다. 그 사람의 돈의 매력. 어디에다 내놓아도 자신감 있는 그 사람의 수려한 외모에 관한 매력.

무난한 성격에 관한 매력 등등.

매력 = 사랑

이 등식에 힘입어 결혼 결정하는 것 아닐까.

"부동산 투자 왜 하지요?"

"부동산을 사랑하니까"

아니다.

부동산의 매력 때문에 투자하는 것일 게다.

마력 = 돈

중요한 점은, 결혼도, 부동산 투자도 필수조건이 아닌, 선택의 조건이라는 것이다.

솔로족 급증에 따른 부동산 거래량의 급감현상이 심각한 가운데 1~2인 가구 수가 전체인구 중에 절반을 차지하는 형국이다.

부동산이 남아도는 데 값은 그다지 저렴하지 않다는 게 큰 문제다. 개인의 문제를 넘어 사회문제요, 국가의 문제이다.

🟢 선거(투표)와 부동산 재테크(투자)

• **공통점** – 신중하게 판단해 선택 결정 한다. 거짓과 낭설에 속지 말아야 한다. 순간적인 판단미스로 평생 지을 수 없는 상처가 남는 경우가 많다. 잘못된 선택으로 국가의 미래가, 개인의 미래가 불투명해 질 수 있다.

검은 돈도 존재한다. 정치인의 입모양의 크기가 부동산 개발의 크기와 진정성과 직접 연결된다. 돈 잔치! 돈 없으면 할 수가 없다. 국회의원과 부동산 개발정보는 상관관계.

선거철에 부동산 개발에 수많은 기대를 걸고 있지만 거래량은 별로 없다.

• **차이점** – 4년의 임기를 수호한다(국회의원). 수명이 불안하다(재테크).

임기 4년 만에 재산이 급증하는 정치인이 대부분이다.

강원 정선 카지노 – 이런 부동산 개발은 도박의 개발에 불과!

지역 경제 활성화에 도움이 되지 않고 거대 도박장으로 수많은 자살자를 양산하고 있다.

노숙자가 만들어 진다. 거지와 빚쟁이가 속출한다. 도박사업의 활성화 때문에 빚어 낸 일! 도박사회로 가는 길목이 정선 카지노이다. 도박중독자 양성소다. 관광사업, 관광산업과 전혀 무관한 카지노 도박장은 지역의 암초다. 커다란 지역 암덩어리다.

지역주민도 활용할 수 있는 관광시설이어야 한다. 지역주민 모두가 환영하는 관광시설이 필요하다. 외형상으로는 화려하나, 그 내막은 썩었다면 큰 문제이다.

선거와 부동산 투자는, 도박성의 징후가 농후하다. 진하다. 상대를 죽여야 내가 산다. 돈을 딴다. 매수자를 매수해야 부동산을 산다. 거래가 성사 된다.

🟢 부동산 주인이 할 수 있는 행위의 범주

• 부동산 주인이 할 수 있는 행위의 범주 – 가격을 맘대로 결정할 수 있으나 거시적 개발사항(예. 지자체의 개발사업 및 국책사업 등)엔 결정권한이 없다.

허나, 개인적인 개발사항은 결정권을 손에 쥐고 있다(예. 전용화 작업).

단, 국가와 지자체의 허가가 나올 수 있는 환경이 조성된 경우라 가능하다. 자주법과 국토법에 위배되지 않는 범위 내서 개인적인 개발은 가격 결정권한 이상의 '힘'을 발휘할 수 있다.

• 토지 값 – 지주가 가격을 직접 논한다.

• 아파트 값 – 부녀회나 자치회, 지자체, 정부 등에서 가격을 논한다. 합의한다. 손잡는다. 인위적으로 합의를 도출해낸다. 분양가상한제가 마

치 공산품의 가격정찰제인 양 가격을 애써 도출하려 든다.

어느 지역의 모 구청장은 과거, 부녀회와 합의하에, 아니 담합을 하면서 아파트가격 올리는 작전, 계략을 홍보책자를 통해 하기도 했었다.

• 상가 시세 및 가격 – 권리금의 변수작용이 큰 작용을 한다.

부동산은 부동산 주인의 활동범위에 따라 가격에 능력도 덧칠된다.

같은 필지의 땅이 도로와의 위치에 따라 달라질 수 있겠지만 지주의 흥정능력도 무시할 수 없는 노릇이다. 아파트도 주인의 영향력에 따라 총 분양가가 달라진다. 물론 층수별 격차를 두고 있지만 말이다.

같은 범주의, 동일 수위 물건을 어느 부동산 주인은 제 가격을, 원하는 가격을 받지 못하는 가운데서 또 다른 주인은 자기가 원하는 가격을 받는다.

두 부동산 주인 간에 가격의 격차는 갈수록 벌어질 수 있다.

자기가 원하는 가격을 받은 부동산 주인은 또 다시 가격을 업그레이드 시킬 것이니까. 꼼수와 편법을 십분 활용한다.

이를 테면, 전세계약이 만기가 되면 2천만 원 이상을 올린다. 대체효과를 본다.

현실적으로 부동산 주인이 할 수 있는 행위의 범주인 것이다.

● 음식문화의 반대?

음식문화 없는 세상은 있을 수 없다. 음식문화와 더불어 화장실문화 역시 없으면 안 된다. 음식문화의 반대가 화장실문화이다. 화장실 문화 역시 부동산 문화와 연관 된다.

같은 상가건물이라 할지라도 전용 화장실이 있느냐에 따라 가치는 달라진다. 음식 맛도 중요하지만 화장실의 편익성도 아주 중요요소이다. 먹거리도 중요하지만 '쌀(배설) 거리'도 아주 중요하다. 건물의 화장실 수준은 부동산의 가치로 연결된다.

어느 면에선 화장실이 휴게실, 휴식공간의 역할도 수행할 수 있는 것이다. 머무는 시간이 길어진다. 점점 길어진다. 특히 여성의 경우는 화장실 문화를 적극적으로 받아들인다. 머무는 시간이 남성보다 훨씬 길다.

그렇기 때문에 시각적인 디자인(청결도)도 중요하고 코를 즐겁게 해주어야 한다. 똥냄새 대신 향기로운 꽃냄새가 난다면 그 건물, 그 부동산에 다시금 오고 싶어질 터. 부동산의 가치가 점점 높아질 것이다.

화장실문화와 부동산문화, 직접적 연관 있다. 부동산에서의 화장실은 아주 중요한 부대시설, 편의시설이다. 편익시설이다.

강남의 성형 로데오거리로 유명한 압구정동의 중소형빌딩의 가치를 강북의 중소형빌딩과 비교 분석하게 되면 편익시설서 판명 나곤 한다.

부동산의 주차문화시설 못지않게 중요도가 높은 것이 화장실 등과 같은 부대시설인 것이다.

화장실문화와 음식문화가 갈수록 수위가 비등해지는 것이다.

참살이의 근본조건이 건강이다. 잘 먹은 후 쾌변 하는 것이다.

02 부동산 매입목적이 달라진다

● **부동산의 성문법 = 불문법??**

관례가 마치 각 지자체의 자주법인 양 너무 난발하는 모양새다.

대한민국 부동산의 규제 일부이지만 예외사항(틈새와 기회) - 관례

예) 식당에서 술을 판다. 식당에선 밥만 판다.

식당주인의 다양한 유형이다.

음식점에선 음식만 판다. 술도 음식이다, 라고 주장하는 식당주인도 나타난다.

농림지역에 집을 짓되 농가주택을 허용한다. 생산관리지역과 농림지역 내의 땅이 농로만 확보된 상태라서 건축허가가 불투명한 상태다(건폐율, 용적률 각기 20% 이하, 50%~80%).

융통성 = 유동성(적시 대응 능력)

위의 비유에서, 밥만 파는 식당주인이나 농가주택을 고집하는 지자체나, 융통성 없기는 매한가지다. 왜? 대한민국 부동산엔 관례법과 특별법, 불문법(불문율)이 성문법인 양 도처서 난발되고 있는 가운데서 불거질 수 있는 상황이니 말이다.

불문법의 반대가 성문법이 아닌, 성문법과 동의어가 되는 착각도 불러온다. 조문화(條文化) 되어 있지 않으나 관례상 인정되는 법이 불문법인데 이 불문법이 성문화 되어가는 오해를 불러일으키고 있다. 관례법과 판례법이 더 강한 느낌이 든다.

이런 법은 과용, 남용을 하면 안 된다. 그러나 농가주택의 허용범위를 융통성 없이 해당 지자체서 똥고집(수십 년 해묵은 법조항과 법률)만 부리는 것은 문제 있다. 변하지 않는 법조항은 해당지자체 주민 아니, 대한민국 국민 모두를 힘들게 만든다. 재산권행사에 제동을 가하는 즉, 사유재산권을 침해하는 것이라고 본다. 융통성과 임기응변은 시대의 조류에 순행하는 현명한 처사라 할 수 있다

● 쉼표 없는 개발사항

대한민국의 국토 안은 항시 시끄럽다. 조용한 날이 없다. 공사 중인 곳이 너무 많아서다.

- 대도시 – 도시재개발
- 대도시 外 – 신도시 개발, 미니신도시 개발(택지개발예정지구)
- 오지지역 – 관광개발(자연을 개발하는 중)

■ 대도시에 도시재개발 하는 이유

더 이상 개발할 틈(토지)이 없어서다. 새로운 아이템을 찾으려는 것. 그 것이 고작(?) 도시의 재개발인 것이다.

예) 재개발, 뉴타운, 재건축

(서울특별시 안엔 '신도시'를 만들 수 없는 상태다. 미니신도시 역시 만 들 수 없는 처지다. 터가 없다. 아니, 태부족이다)

사업성을 놓고 작정하고 크게 따진다. 재건축 목적이 변질 중이다. 그 래서 개발기간이 예상시간을 훨씬 초월한다. 상상을 초월한다. 정작 개발 이 꼭 필요한 곳은 미룬다. 역시 사업성을 따진다. 대치동 은마아파트가 그 실례.

신대방역과 구로디지털단지역 사이의 한 아파트 단지의 경우, 2호선 지하철 안에서 바라보면 아주 흉물스럽다. 이 아파트단지는 수년째 흉측 한 모습으로 방치되어 있다.

대도시에 새로운 개발이 힘들다보니 서울지역의 경우, 공인중개사무 실에서 토지를 중개하는 경우가 아주 적다. 부동산에 관한 이야기 보따리 가 온통 재건축, 재개발, 뉴타운 이야기다.

즉 한물간 아파트 이야기를 주절주절 늘어놓는 소모전 일색인 것.

🟢 산과 강의 가치 비중

• 부동산+산 = 녹지공간으로 인정받아 가치는 수요자가 수용하기 나름
이다

• 부동산+강 = 조망권으로 인정받아 가치가 높아질 수 있다는 의견이 일
반적이다. 지배적이다.

물이 앞에 펼쳐진 환경여건을 조망권이라 하지만, 숲이 우거진 모습의
부동산은 미개발지와 접한 모양새로 여긴다. 그렇게 볼 수도 있다. 때로
는 가치를 의심 받기도 한다.

왜?

'악산 = 미개발' '가파른 경사도 = 미개발의 요인' '가파른 비탈면 = 미
개발의 재료'의 등식이 난발할 수 있기 때문이다. 사경(斜徑)은 개발에 있
어 사경(死境)을 헤매게 만들 재료!

사경 = 사로(斜路) = 비탈길

결국, 산의 가치는 자연의 보존의 가치이며 강의 가치는 조망권의 가
치인 셈.

🟢 강남부자들

강남에도 집거지가 늘고 있는 가운데 강남의 중소형빌딩 소유자가 신 강남부자로 급부상 중이다. 거듭나고 있다. 아파트 애물단지 시대가 낳은 기현상이다.

아파트 애물단지 시대지만 여전히 강남의 아파트 평균가격은 10억 원 대를 육박한다. 집주인들이 가격하락을 절대 용납 안 하려 든다. 하기야 자신이 일평생 애지중지한 보물단지를 전격 애물단지로 전락시킬 사람이 어디 있겠는가.

강남의 초대형아파트(주상복합아파트 포함)와 강남 중소형빌딩의 가격은 라이벌 관계의 선을 그을 수 있다.

대로변서 동떨어진 중소형빌딩은 구입하는데 큰 부담이 없다. 대로변 (8~10차선)과 접한 중소형빌딩은 20억 원 이상이라, 은행의 힘을 빌려야 매입이 가능하다.

불경기 중에 호경기는 강남의 중소형빌딩의 활약상의 모습이다.

우연찮게도 부동산 베스트셀러 단행본의 제목이 '강남부자들'과 '빌딩부자들'이다.

지금, 강남의 부동산 부자들은 중소형빌딩 부자들이다. 강남3구 중 강남구+서초구의 5층 건물이 대세. 서초동, 청담동, 논현동, 압구정동, 학동 등지의 중소형빌딩은 인기연예인들이 독식 중이다. 강남부자들 중 중소형빌딩을 가지고 있는 스타급 연예인들이 많다.

빌딩보유자 중 토지를 통해 이미 대박의 단맛을 본 사람이 많다. 빌딩보유자 중 부동산 하수는 없다. 고수다. 땅 투자한 경험이 빌딩투자의 큰 경험이, 도움이 되었다.

낡은 건물을 저렴하게 사들인 후 리모델링 작업이나 재건축을 통해 부를 키웠다. 돈을 확장했다.

낡은 토지를 저렴하게 매입한 후 리모델링(형질변경 = 복토, 성토, 절토, 정지작업, 포장작업 등)해 종자돈을 마련하여 빌딩투자전선에 뛰어들었다.

강남구와 서초구의 중소형빌딩을 가진 신흥부자 중 인기연예인이 많다. 이들이 투자전선에 뛰어드는 바람에 강남의 빌딩시장에 강한 바람이 불고 있다. 연예스타 한 사람이 건물을 매입하자 마치 도미노처럼 너도 나도 경쟁적으로 빌딩을 매입하였다.

여하튼 지금의 강남부자들은 빌딩부자들이다.

덩치만 요란스럽게 큰 도곡동 주상복합아파트보다 중소형빌딩이 더 실용적이고 활용도가 높다.

우량 임차인을 내가 직접 선택한다. 아파트는 단순한 활용도에 매력을 잃어가고 있다. 도곡동 주상복합아파트가 경매시장에 자주 나타나곤 한다.

강남빌딩시장과 강남의 아파트시장은 크게 비교된다. 강남의 아파트시장이 회복불능인 상태서 강남의 중소형빌딩의 인기는 멈출 줄 모르고 있다.

연예스타와 스포츠스타들이 빌딩시장에 대거 합류하는 바람에 브랜드 가치가 높아지고 있다. 유명스타의 이름값이 부동산시장에서 통한다. 덩달아 헬스클럽, 피부 숍, 쥬얼리 숍, 연예기획사 등이 줄줄이 강남구와 서초구에 들어와 영업을 하고 있다. 장사가 잘 되고 있다. 유유상종 중이다. 연예인들이 부동산의 부가가치를 드높이고 있다. 내 생각엔 지금의 강남부자는 이들인 것 같다. 부동산 불경기를 모른 채 너도 나도 빌딩구매전선에 뛰어드니 말이다.

강남빌딩의 잠재력은 땅의 잠재력과 일맥상통한다.

🟢 기회와 위기의 의식

인생에 세 번의 기회가 찾아온다지만, 세 번의 위기도 올 수 있다. 아니, 온다. 살면서 좋은 일만 있을 순 없는 법. 죽을 고비도 부지불식간 숱하게 찾아올 수 있다.

언제 어느 때 누가 보유하든 부동산 보유 중에도 세 번의 기회는 찾아올 수 있다. 세상 이치와 어울린다. 물론, 세 번의 위기도 찾아올 수 있다. 부동산의 기회란, 크고 작은 각종 개발이겠다. 예를 들어, 도로개설이나 포장 및 확장의 확정 등.

부동산의 위기란, 장단기적인 각종 규제사항이다. 예를 들어, 매입과 거래에 지장을 초래할 수 있는 토지거래허가구역의 지정이 그것이다. 반대로 건축 제한을 외부인에게 주는 그린벨트 등이다.

완벽한 인생도, 완전한 부동산 보유형태도 없는 것이다.

기회 옆엔 항시 위기가 호시탐탐 도사리고 있다는 사실을 절대 잊지 말아야 할 것이다. 부자는 위기를 기회로 기화(奇貨) 시키는 능력을 보유하고 있다. 일반인에겐 토지거래허가구역이 위기로 볼 수 있겠지만 부자에겐 토지거래허가구역이 기회다. 기회의 땅으로 당당히 여긴다. 투자자가 전무한 가운데 시나브로 개발한다. 즉, '기회의 가치 = 위기의 가치'의 등식을 만든다. 부자의 의식인 것이다.

글로벌 위기를 기회로, 외환위기를 기회로 과감하게 당당히 수용한 부자들은 그 당시 부동산을 아주 저렴하게 매입한 바 있다.

🟢 전원주택시장과 경매시장의 공통점

① 투자종목 < 실수요 종목

② 불황이 따로 없다. 왜? 실수요 목적이므로(언제 어느 때라도 꼭 필요로 하는 수요자가 속출하고 있다는 것)

③ 환금성이 떨어진다 – 실수요 종목이므로

④ 경매시장에 전원주택이 출현하고 있다. 접근성이 뒤떨어지는 오지의 전원주택은 환금성이 매우 낮다. 특히 강원도 오지의 경우 환금성이 거의 제로로 보면 틀림없다. 오지의 수요자는 거의 찾기가 힘들기 때문이다.

⑤ 전원주택의 공급과잉현상이 일어나고 있다. 서울 외의 지역에 단독주택 짓는다면 무조건 전원주택 운운하는 세상이다. 서울에 짓는 단독주택은 전원주택일 수 없기 때문이다.

전원주택을 악용하는 일부 악덕업자를 주의하여야 할 것이다.

(전원주택가격 > 단독주택가격)

의미부여 − 전원주택(새 집 개념)**, 단독주택**(헌 집 이미지)

선입견부터 버려야 할 것이다. 부동산에 관한 강하고 넓은 착각은 선입견이고 그 선입견은 차후, 패착으로 작용하는 것이다.

⑥ 경매물건 = 급매물건(시세와 동떨어졌다는 생각은 위험한 생각)

싸다는 의미 상실.

급매물건이란? 급하게 매매를 원하는 물건이다.

급매는 결코, 싸다는 개념이 아니다. 급전이 필요한 절박한 심정의 매도자라지만 결코, 손해를 감수하면서까지 매도를 하지 않으려 한다.

경매물건이 오히려, 시세를 호가하거나 오버 하는 경우도 있다. 급매물건이 오히려, 시세를 호가하거나 오버하고자 하는 경향도 없지 않아 있다.

급매물이 나왔다고 해서 급히 서둘러 덜컥 계약하는 우를 범하지 말아야 한다.

⑦ 전원주택은 장수시대의 대상 물건(연만한 분 대상).

경매시장의 물건은 연령에 무관하다. 대상자가 다양하다.

실수요 목적으로 움직여야 덜 위험하다. '경매투자'란 말을 상용하지 않았으면 싶다. 경매물건 가격(낙찰가)이 만만치 않아 최소비용으로 최대의 효력을 발휘하던 과거의 모습을 좀처럼 찾아볼 수 없어서 그런 것.

⑧ 경매의 과거의 특징 – 단기 투자종목

경매의 현재의 모습 및 특징 – 장기 투자종목의 실수요 관념이 지배적

경매 = 실수요

⑨ 전원주택이 투자목적이 아닌 이유

전원생활은 돈 벌기 위한 생활의 변혁이 아닌, 건강의 질, 삶의 질을 드높이기 위한 생활의 변화이기 때문

⑩ 경매가 꼭 필요한 이유

내 집 마련하려는 자가 아직까지 많이 남아있기 때문

■ **경매시장의 문제점**

고가이다. 고가로 거래된다.

왜?

투자자(고수를 비롯한 부동산 부자)가 몰려 경쟁력을 쓸데없이 끌어올리고 있기 때문. 경쟁률이 높은 경우는 실수(실수요)가 아닌 허수(가수)들이 난립하고 있는 것이다.

실수요 목적으로 경매시장에 뛰어드는 부동산 부자는 없다. 즉, 순수

평생 보유의 목적으로 경매물건을 매입하는 부자는 없다는 것이다. 하수가 고수에 뒤쳐질 수밖에 없는 이유다.

● 부동산 매입목적이 달라진다

부동산에 왜 투자합니까? 부동산을 왜 매입합니까?

과거엔 단순히 돈만 많이 벌겠다는 목적, 관념이 강했지만 현재는 다르다. 과거엔 돈만 많이 창출된다면 그게 행복이었다. 행복의 전부로 여겼다.

허나, 지금은 관념이 많이 달라졌다. 행복해지기 위해 부동산투자(매입)를 하려한다. 장수시대를 맞이하면서 자연스럽게 생긴 자연현상이다.

행복 = 건강, 삶의 질의 UP

삶의 질이 업그레이드되면 자연스럽게 건강해진다.

삶의 질의 업그레이드 = 불편하지 않은 삶(생활)의 영위

예) 만약 전기와 수도가 없다면 엄청 불편할 것이다. 돈 역시 만약, 없다면 엄청 불편할 것이다.

차고 넘치기보단 여백(공백) 있는 상태서 여유로움이 필요하다고 본다.

훌륭한 그림은 여백이 있다. 훌륭한 개발 역시 여백이 있다. 여백의 힘을 무시할 수 없다. 여유 없는 행복은 행복이 아니다. 그건 불행이다. 바쁜 부자는 부자가 아니다. 여유 있는 부자가 진정한 부자이다. 여유 있는 부자는 앞뒤, 좌우도 돌아본다.

빌딩부자 차인표 신애라 부부는 여유가 있다. 돈의 여유뿐만 아니라 삶의 여유도 있어 입양의 왕으로 자리 잡고 있다.

가수 김장훈 역시 진정한 부자. 어지간한 정치인보다 낫다. 재벌총수보다 낫다. 기부천사의 인생을 살 수 있으니 행복한 부자라고 본다.

단순한 부자가 되는 것이 큰 목적인 부동산 매입은 욕먹는 재벌의 모습이다. 도덕성 잃은 부자는 부자가 아니다. 차인표 부부는 입양 아이들을 잘 키우기 위해 빌딩을 매입해 빌딩부자가 되었다. 아이들을 위한 공간으로 이루어진 빌딩이며 그 빌딩 이름도 아이들 이름을 응용하였다. 누가 봐도 행복한 부자의 모습인 것이다.

부동산 매입의 목적은 행복해지기 위함이다. 매입 목적이 행복이라면 아주 잘 된 투자가 되는 것이다. 덩달아 삶의 질이 업그레이드되는 것이다.

인간이라면 누구나 행복할 수 있는 권리가 있기 때문에 부동산을 매입하는 것이다.

⬤ 땅과 아파트의 가치 비교분석

부동산 전문가 혹은 부동산과 연관되어 있는 분들의 공통적인 말이 있다. 부동산 불경기 속에 아파트는 재미없는 것.

며칠 전, 강남의 100억대 부자도 전화 통화하면서 말을 하더라. 아파트 재미없다고.

아파트 애물단지, 미분양시대에 걸맞게 아파트가 풍요 속에 빈곤 아니, 남아도는 마당에 아파트에 관한 기대심리가 희박하다고 밝힌다. 강남부자들도 아파트를 싫어한다.

전체 지장물(거주용) 중 56%를 육박하는 아파트 건립 현황만 봐도 아파트의 희귀성, 희소성이 낮을 수밖에 없다. 과거의 영화로의 회귀는 힘들다고 보는 것이다.

'아파트의 가치, 가격 < 땅의 값과 가치'

· 이러한 부동호가 유지하는 이유 – 땅의 시세는 존재하지 않는다. 아파트 시세는 존재한다.

아파트 거품시대는 사라진 대신 땅 거품시대는 유지 중이다.

(땅 거품현상의 실례 및 실체– 경춘선의 춘천지역과 그 일부 구간, 그리고 세종특별자치지역)

· 땅의 가치가 높아진다 – 개발이슈가 각양각색으로 남아돈다. 아파트가 남아도는 것처럼 말이다. 거래의 풍선효과의 영향력 무시할 수가 없다.

도심 상가나 건물의 공실률이 높아만 가는 현상도 땅의 가치를 한 번 정도 짚고 넘어갈 수 있게 만드는 요소다. 땅 볼 기회를 만든다. 조상 땅 찾기 운동을 전국적으로 대대적으로 시행하고 있다. 오지의 발견을 의미하는 것.

섬 주위에 매립지화가 진행 중에 있다. 국토 넓히기 작업은 주위의 오지를 비오지화 한다.

56%(아파트가 차지하는 비중·비율)의 아파트 가치는 300억 평을 육박하는 땅의 가치를 압도하지 못한다.

전국적으로 토지보상에 따라 공시지가의 변화도가 높다. 지방자치시대에 걸맞게 세수(지방세) 확보를 주민과 국민들을 상대로 하고 있다.

아이러니한 점은, 국내인보다 외국인(일본인과 미국인, 호주인)이 땅을 더 선호한다는 것이다. 수적(거래량)으로 국내인과 비교는 안 되지만 매입의 속도와 거래확률로만 따진다면 국내인보다 월등히 높고 앞선 상황이다.

드라마의 한류열풍과 더불어, 가요(K-POP)가 한류열풍을 타는 마당에 부동산 특히, 땅의 한류열풍을 기대한다.

부산광역시 및 전북 장수군의 경우, 일본인들이 대거 땅을 알아본 적이 있었다.

아주 넓은 평수의 땅을 매수한다는 일본인의 계획은 해당 지자체 주민들의 반발로 무산되었지만 일본인 등 외국인들이 국내의 땅에 관한 관심도는 우리나라 사람보다 높다. 곧바로 실행에 옮긴다. 서슴지 않고 계약한다. 관망하는 국내인과 다른 행보를 보인다.

● 평당 2백만 원짜리 땅, 마이너스(−) 1천 원짜리 땅

땅값은 아파트 가격과 성질이 너무도 다르다. 아파트 가격에 관한 정부와 지자체의 높은 관심도와 간섭은 분양가 상한제의 존재감으로 인지하게 만든다. 으레 그러려니 한다.

건설사가 정한 가격이 가격(정가의 개념)이다. 법이다. 미분양을 키우는 원인이기도 하다.

이와 달리, 땅값은 개인적+개별성을 지닌다. 땅값은 천차만별이라 큰 잠재력을 지닌다. 일관성 없고 종류가 정해지지 않은 상황이다. 이 말은 지주 맘대로, 임의(일종의 임의추출법)대로, 일방적으로 가치와 가격을 저울질 허거나 정한다는 뜻이다.

평당 기 백 만원 하는 땅이 있는가 하면 평당가가 마이너스 몇 천원에 불과한 땅도 엄연히 존재한다. 임야도가 있고 지적도도 있어 공시지가도 나타난다.

마이너스 땅이란 도대체 무엇일까.

마이너스 땅은 절망적인 땅이다. 무가치한 땅으로 잠재력이 아주 미약한 경우라 할 수가 있겠다. 결코, 새 지주가 나타날 기력과 확률이 매우 적은 상황의 땅이다. 만약 새 지주가 나타난다면 그것은 기적이다.

마이너스 땅도 공시지가가 버젓이 존재해 세금을 낸다. 토지세를 국가, 지자체에 바친다. 희망이 없는 가운데 세금은 매년 틀림없이 내야 한다. 내지 않으면 신용이 엉망진창 된다. 이 때문에 건강보험료도 오른다. 공단에 찾아가 왜 보험료가 다른 사람과 다르냐고 따지면 돌아오는 말은 '당신, 땅 있어서 그래!' 이다.

이럴 땐 무가치한 땅일지라도 존재감과 존재성은 있으니 공시지가는 유효하다. 청색리스트에 확연히 드러난 상황에서 빼도 박도 못한다. 애물단지를 팔려 해도 그건 불가능한 일.

무가치한 땅을 보유하느니 차라리 안 가지고 있는 게 더 낫다는 판단까지 든다.

어떠한 데이터와 개발재료가 전무한 가운데 땅의 잠재성만 무조건적으로 학수고대하면 일상생활과 생업에 막대한 지장을 초래한다. 건방진 자세를 잃지 않는다. 나 땅 있어! 하며 속으로 자랑도 한다. 대한민국 국민의 70%가 땅 한 평 없음을 겉으로 강조한다. 땅 주인으로서 자부심을 갖곤 한다. 일상생활을 하면서 기댈 데가 있다는 것에 만족도를 애써 높이기도 한다.

땅값상승세를 탄다는 언론보도를 접하면 가슴에 거품이 마구 스며든다. 자신의 땅과 직접적인 연관이 없는데도 말이다.

'무가치한 땅 보유 = 재테크 위해 예금하는 행위'

오히려 저금리시대에 이자 대신 보관료를 은행에게 매달 바치는 꼴이다.

'보유세(토지세) 내는 마이너스 생활 = 무가치한 땅 보유'

땅을 잘 사야하는 이유가 여기에 있는 것이다.

현금다발을 은행에 둘(보관) 수밖에 없는 것은, 집에 뒀다간 도둑의 먹잇감 되기 십상이니 그런 것.

땅 보유?

아파트에 투자할 수 없으니 그런 것 아니랴.

🟢 매입과 투자란 상용어의 결정판

부동산의 생명줄과 선은 무엇인가. 존재의식은 무엇인가.

두말할 것 없이 '매매'이다.

매매가 없다면 부동산이 존재할 필요가 없다. 가치가 없는 것. 매매 없는 상황은 참혹하다. 그건 그저 부동산이 단순한 자연의 일부요, 자연회귀현상에 불과한 것이다.

부동산 매매 시, 상용어가 너무 획일적이고 일방통행식이었던 기억들을 하실 거다.

'투자'가 그것.

상용어가 계층별로, 부문+장르별로 달라져야 함은 당연지사다.

아파트가 애먹는 시대가 도래 했다는 것은 변혁을 해야 한다는 근거.

부동산은 지장물과 땅으로 떠벌린다. 대별되어진다. 지장물 중 아파트는 과거, 투자 상품으로서 최고 가치를 달려 나갔다. 허나, 지금은 아파트 투자 운운하면 큰 화 당한다. 망신당한다. 망신 안 당하려면 아파트 투자란 말 대신, 아파트 매입, 구입, 분양, 구매라는 부드럽고 차분한, 다소 다소곳한 말을 상용어로 추대하여야 할 판.

어디 아파트뿐이랴.

상가도 장기적인 불경기의 악영향으로 투자 상품서 서서히 멀어지는 형국이다. 투자란 말 대신 다른 말을 상용해야 한다고 본다.

그렇다면 땅이라는 부동산 장르는 어떻다고 보는가.

땅은, 실거주는 힘든 채(일단 무기체 이므로), 실수요(토지이동을 의미)와 투자를 겸용해 상용할 수 있다. 물론, 투자의 개념도 여전히 상용가능(대부분 그러하다. 그게 현실. 땅 살 돈도 버거운데 개발할 돈이 어디 있겠는가).

왜? 잠재성을 제일 많이 간직 중인 부동산 종목이니까.

그만큼 낙후되어진 상태의 환경조건서 서로 경쟁하듯 새 출발을 바란다. 각종 개발계획과 개발이슈의 존속+존재가 그것이다.

결론적으로, 지장물이건 땅이건, 총칭해서 '분양'이라는 상용어를 필요로 하는 것이다. 가격 상용어 역시 달라져야 한다고 판단된다. 투자가격이라는 말은 별로 사용 안 했지만, 분양가라고 한다면, 투자를 먼저 떠올리게 했다. 마치 관행처럼. 그 관례가 버젓이 이어져 온 건 사실이다.

매입가격과 구입가격, 그리고 구매가격과 분양가격 혹은 총 분양가 등 중구난방 식으로, 들쭉날쭉 불리어지는 풍경이 아쉬운 것이다. '분양가격'으로 정조준 할 시점이라고 본다.

부동산 매입시대다.

투자종목의 단순화가 문제점으로 지적되는 세상이다. 투자종목은 잠재력이 크고 넓어야 한다. 젊어야 한다. 그러한 측면서 각자 생각한다면 땅이라는 결론이 자연스레 터져 나올 법하다.

도시형생활주택 역시 대세.

허나, 잠재성 면에서는 땅에 훨씬 뒤진다. 투자액 또한 만만치 않아 문제.

땅 투자는 소액이 가능하다. 물론 상황에 따라선 거액이 들 수도 있지만, 분할이 가능한 상황의 땅이라면 소액이 가능하다는 말이다.

그러나 땅은 잘 알아보지 못하면 큰 코 다칠 수 있다.

열심히 열정적으로 최선의 노력을 기울이기보다는 잘 알아보는 게 중요하다. 열심히 알아보는 일은 누구나 할 수 있지만 정확하게 잘 알아보는 일은 누구나 할 수 있는 일이 아니다. 이 점을 꼭 인지하여할 것이다.

현지답사를 하거나 서류와 개발이슈를 검토할 때는 어영부영 하지 말고, 주마간산 식으로 보지 말고, 급소와 키포인트를 수사관이 희대의 연쇄살인사건을 수사 하듯 모색하여야 한다.

● 땅이 오르는 원초적 본능

만물, 사물의 본능은 이중적이다. 힘(力), 혹은 성질(性)이 그것이다.

부동산 역시 철저히 이중적으로 나타난다. 힘과 성질이 나타난다. 누가 빨리 발견해 현명하게 선용하느냐가 큰 관건!

부동산은 마력과도 같은 파괴력을 지녔다. 정책을 세우든 안 세우든 우리 곁에서 우리에게 매일, 시시각각으로 희망과 절망, 그리고 큰 기대를 준다. 미래를 준비하게 만드는 근본재료역할을 단단히 담당하기도 한다. 잘 했을 때 얘기다.

성질 또한 괴팍하다. 경제성, 수익성이 가장 클 수 있다. 재테크, 투자종목 중에 말이다. 역시 잘 움직였을 때 얘기.

부동산의 마력과 수익성은 아주 유치한(?) 곳에서도 찾곤 한다. 부동산 성질의 양극화(性 위주)와 풍선효력은 크다. 역시 누가 먼저 발견해 움직이느냐가 큰 관건.

우선, 고착관념 등 구태의연한 싸움을 금지하여야 한다.

예를 들어보자면, '무기력' 이라는 단어를 해석하는 자는 두 편으로 갈린다. 한 사람은 無氣力 즉, 의욕상실로 해석하지만, 또 한 사람은 '무기의 힘'으로 단정 짓기도 한다. 지극히 긍정의 힘을 선호한 태도이다.

우리가 보통, 부동산의 큰 경제성, 경제적인 효과+효력을 입지의 조건과 더불어, 편익시설 등을 점친다. 조력을 원한다. 무조건적인 상업지역 (중심상업지역, 일반상업지역, 근린상업지역, 유통상업지역)을 선호하는 과욕이 항시 문제다. 지극히 이기적인 모습이 문제이다. 지역 님비현상과 위정자들의 강하고 질긴 포퓰리즘이 큰 문제점으로 점화된다.

내 생각엔, 경찰서, 병원(장례식장), 교도서, 법원, 군부대가 내가 살고 있는 동네에 들어온다고 무조건적으로 반기를 들 필요 없다고 본다.

우선, 경찰서가 들어오면 치안은 거의 100% 보장된다고 본다. 군부대 역시 군사시설보호구역으로 지정되는 한(!)이 있다지만 원초적으로 따지면 역시 치안은 100%로 안정적이라 볼 수 있다. 공산당도 처부수는 힘이 주민의 힘이 될 수도 있잖은가. 경찰의 공권력보다 국방력은 2배 이상 클 수 있다고 판단된다. 내 동네에 군부대가, 경찰서가 들어선다고 무조건적으로 반대만 할 게 아니라, 군사시설보호구역의 수위부터 알아보는 배려심이 우선적으로 필요한 것이다. 우리나라는 세계 유일무이한 분단 휴전국가라는 사실을 항시도 잊지 말아야 할 터.

강한 고정관념은 국토를 힘들게 만들 수도 있다. 국토가 힘들면 궁극적으로 나에게도 해가 되는 것이다.

● 부동산의 '현재'는 없다

부동산에도 과거와 미래가 있다.

허나, 현재는 없다고 본다. 왜? 현재는 사람이 존재하는 한 미래로 가든가, 과거로의 회귀를 하니 말이다.

현 상태를 보는 순간, 변화의 수순을 밟기 시작한다. 현재에서 벗어나려 한다.

누구에 의해?

부동산 주인에 의해, 중개인의 입을 통해 변하는 것이다. 현재시점이 가격출발선이다.

부동산의 미래를 스스로, 수시로 자신 있게 크게 그린다. 개발청사진의 기준은 따로 없다. 자신이 소유한 부동산이 최고의 가치를 보유 중이란다.

부동산의 과거는 기억, 추억거리라 할 수 있다. 부동산의 현재는 미래일 확률이 높다. 현재, 미래를 논하니 말이다.

아파트 부귀영화시대의 과거를 회상하는, 미련 많이 남기는 행동은 위험천만하다. 아파트의 과거는 현재의 모습이 아닐 뿐 아니라, 미래 또한 과거의 모습과 별개이다.

아파트의 과거와 현재, 그리고 미래 = 역시 현재를 기준으로 삼는다

땅의 과거, 현재, 미래 = 현재를 출발선이라고 부동산 주인은 말한다

- 아파트의 과거 – 땅 상황과 다르지 않다.
- 아파트의 현재 – 재건축 중이다. 거의 움직임 없는 땅의 모습이라 할 수 있다.
- 아파트의 미래 – 새 아파트 탄생을 맛본다(대지지분의 변화). 다시 말해, 건폐율과 용적률을 새로 얻는다는 것.

- 땅의 과거 – 깊은 산속에 존재 혹은 오지 상황
- 땅의 현재 모습 – 전용화 진행 중
- 땅의 미래 – 지상물

'부동산이라는 재화 = 미래를 그리는 도구'

미래를 함부로 예측하는 단순 도구이다. 아니, 복잡한 무기이다(재테크用). 미래예측 도구라 현재를 무시한다. 무용론도 제기된다. 대두된다. 현재의 가치를 심하게 논하는 건 무의미하다. 미래를 저울질하기 바쁘단다. 현재의 가치보다 미래의 가치를 논하고자 노력들을 한다.

설령, 현재의 가치를 인정한다 해도 그 기간은 그다지 길지 않다.

"얼마에요?"

사람들이 부동산 소유자들에게 제일 궁금한 사항이다. 가격이 제각각이다. 오늘 다르고 다음 주에 다르다. 현재는 없다.

월급상승속도는 느림보 거북모습이지만 부동산, 땅은 토끼의 습성을 지닌다는 관념 속에 미래를 크게 그리려는 모습이 여전히 느껴진다.

4.

땅 매입의
방법론(수단) 및
과 철학)
기상주의보!

① 도로의 **질과 양**

◉ 문화재보호구역에 관한 주의사항

반세기 역사의 우리나라는 과거 지상주의가 극심한 편이다. 과거사에 많이 연연하는 통에 문화재관리 대상의 땅들이 지천에 깔려 있다. 지뢰밭처럼 깔려 있어 규제의 대상이 되고 있다. 국가가 해당주민의 생각을 무조건적으로 접은 채 문화재 지정을 일방적으로 해버린다.

문화재 보호가 국가차원서 이루어져 아주 예민하다. 이에 따라 민원인은 토지개발에 어려움을 많이 겪기도 한다. 과거보단 현재가 더 중요하기 때문에 문화재의 지정사항은 해당주민의 의견수렴이 꼭 필요한 절차라 볼 수 있겠다. 물론, 과거가 있기 때문에 현재가 존속한다. 그러나 문화재 때문에 생존권마저 무시당하는 처사는 결코 방관만해선 안 될 주요사항이라 본다.

경기도 문화재보호조례에 따른 문화재 보호 영향검토대상구역을 보면, 규제가 심한 경우나, 심하지 않은 경우나, 토지 이용계획확인원상에, 즉 민원상의 서류에 똑같은 표기로 민원인에게 알려 혼란을 가중시킨다.

규제 수위의 높낮이와 상관없이 일제히 표기가 똑같다.

'문화재보존 영향 검토대상구역'으로 말이다.

민원인의 각별한 주의가 필요한 것은, 어느 공인중개사는 이를 빠뜨리는 경우가 있기 때문이다. 이런 사항과 상황을 모르고 고객에게 설명하는 경우는 아주 위험천만한 경우라 하겠다.

■ **범례**(국가지정 문화재 주변 현상변경 허용기준)

· 문화재보호구역

· 문화재영향김토구역

· 비지정문화재

· 1구역 – 보존지역으로 개발이 불가능하다

· 2구역 – 시설물 최고높이 8미터 이하(평지붕의 경우)

  시설물 최고높이 11미터 이하(경사지붕)

· 3구역 – 시설물 최고높이 14미터 이하(평지붕)

  시설물 최고높이 17미터 이하(경사시붕)

· 4구역, 5구역 – 해당 지자체 도시계획조례 등에 따라 처리한다

토지이용계획 확인서를 확인할 때 구체적이지 않아 문화재 보존 영향 검토 대상구역의 땅을 구입할 때 낭패도 당할 수 있는 것이다. 만약, 문화재 보호구역이나 1구역에 지정되어 있다는 사실을 안다면 쓸모없는 애물단지 땅으로 판명 나는 순간을 맞을 것이다.

문화재보호구역의 땅을 구입할 때 사전의 철저한 검토가 필요하다. 별도 문화재청 문화재위원회 심의 및 사전 시굴조사 시행 등 장애는 해당 민원인이 넘어야 할 큰 과제이다.

● 공인중개사와 기획부동산의 활동범위

공인중개사와 기획부동산 활동영역, 역할의 차이를 살펴보자.

공인중개사는 해당지역의 지주와 자주 교통한다. 만난다.

단, 해당지역에 한한다는 점이 단점. 공무원과도 자주 만난다. 지주의 민원사항을 위탁받는 경우가 많아서다. 한 자리에서 정확한 중개행위를 장기간 하려면 뒷마무리까지 깔끔하게 고객에게 서비스해 주어야 한다.

• 기획부동산 업자 – 지주와 공무원을 자주 만날 일이 없다. 100% 투자자를 모집하는 상황이니까.

기획부동산에서 '개발사업' 운운하는 것은 100% 거짓이니 조심하여야 한다. 속아 넘어가지 말자. 개발 능력과 자금도 준비되어있지 않은 곳이 기획부동산이다.

기획부동산에서 민원사항 이래 봤자 고작 분할작업(예. 가분할도 작업= 자신들 입맛대로 그린다)이다.

실수요 위주로 거래하는 중개업소와는 차이가 크다. 중개사가 민원사례가 많은 이유가 여기에 있는 것이다. 실수요는 개발을 의미하므로, 개발에 관한 민원은 담당 공무원을 만나 이루어지는 것.

예컨대, 전원주택을 짓는다면 건축과의 상세한 민원을 필요로 한다. 지역별 편차가 심해 건축과에 들르기 전에 산림과, 환경과를 거치는 경우도 많은 상황이다.

마치, 대사증후군 환자가 내과에 들렀다가, 영상과에 들르는 것처럼 말이다. 절차가 있는 것.

중개업소에서 하는 일은 투명한 가운데 절차가 이루어지지만(공무원과의 만남) 기획부동산은 투명하지 않을 뿐만 아니라 불투명한 미래를 만나기 쉽다(업자와 고객의 만남).

🟢 지역선정의 중요성(언밸런스 주의!)

투자전 지역선정을 중요하게 여기는 것은, 성공과 실패를 가늠할 수 있는 가늠자(척도) 역할을 지역의 선정과 업종의 선택이 궤를 같이 하기 때문에 그런 것이다.

■ 범례

- 도배타일학원 – 강북지역이나 경기권역에 어울린다.

성형외과병원의 경우는 강남지역이 어울린다. 압구정역 4번 출구를 위시해 압구정동은 국제적으로 명성이 높은 세계적인 성형의 로데오거리다.

만약, 강남 압구정동에 도배학원이 들어선다면 곧 문 닫을 것이다. 학원생 모집이 고역일 것이다.

건설사가 대형아파트를 강북지역에 집중적으로 건설을 한다면 지극히 건설적인 건설이 되지 않을 것이다. 주거 및 근린생활시설의 위치, 지역 선정도 중요한 것이다

재래시장의 모습과 강남지역. 서로 물과 기름 사이처럼 궁합이 서로 맞지 않는다. 이 역시 지역선정의 모순점을 쉽게 발견할 수 있겠다. 백화점이나 유명 명품상점, 그리고 대형마트 위주로 구성되어진 강남지역에 재래시장의 생존율은 그다지 높지 않다는 것이다.

강남지역은 브랜드 위주로 발전을 계속 거듭하고 있는 반면, 강북지역은 브랜드와 상관없이 유지되고 있다. 강북지역에 명품상점이 즐비하다면 줄도산을 쉽게 예상할 수 있을 것.

강남과 강북의 차이가 계속 벌어지는 이유도 된다.

■ 지역선정이 잘못된 사례

지하철 내 자판기 옆의 편의점 모습.

예) 병점역

병점역의 입지는 그다지 탁월하지 않은 상태이다.

· 1번 출구 – 연계버스가 다양하다. 좌석버스를 포함해 30개가 족히 넘는 버스가 운행 중이다.

반면 2번 출구는 3개 노선의 버스만 다닌다. 출구에 나오자마자 허허벌판이 음산한 분위기까지 느끼게 만든다.

전반적으로 환승역인 병점역의 유동인구는 너무 적은 편이다.

수원역 편의점의 경우는 다르다. 수원역도 지하철 내 자판기 옆의 편의점 모습을 볼 수 있다. 그러나 병점역과는 상황이 다르다. 수원역은 백화점과 연계되어 있어 유동인구가 상당량 보인다. 존재의 가치가 충분히 있어 편의시설이 겹쳐도 무방한 상황이다.

유동인구가 별로 없는 지역의 지하철 내 자판기 옆의 편의점 모습은 언밸런스 모습이다. 음료수 값도 제각각이다. 다르다. 동일제품인데도 편의점 가격이 더 비싸다. 이 또한 모순의 모습. 언밸런스가 또 하나 첨가된 모습이다.

● 부자와 빈자의 차

부자의 행태+유형은 분류할 수 없을 정도로 적다. 기껏해야 1~2개의 유형이다. 종류가 천차만별인 빈자의 경우와 상반된다. 왜 그럴까.

부자는 100% 긍정인. 빈자는 노숙인, 준노숙인을 포함한 불평인, 불만인, 비판자, 비평자, 부정적인 사람들로 아주 다양한 구성원을 보이고 있다. 대부분 일상이 넋두리, 푸념 일색이다. 긍정 일색의 부사와 선혀 반판이니, 빈익빈 부익부 현상이 정신적인 면에서부터 발현되는 것이다. 정신력부터 즉, 시작부터 출발선이 없는 것. 아니, 찾으려 노력하지 않는 것이다. 빈자의 유형이 천차만별인 현실을 줄이는 방도가 빈익빈 부익부 현상의 일부를 줄이는 것이라 여겨진다.

서울역의 준노숙인이나 노숙인을 도우는 분들은 부자가 아니다. 같은 처지(환경)이거나 조금 상황이 나은 분들이 돕고 있다.

부자는 절대 빈자와 안 어울린다. 1원 한 푼 안 준다. 구걸하는 자에게 1원 한 푼 안 주려 노력한다. 목적 없는 돈, 명목 없는 자금 즉, 발 없는 돈은 절대 안 쓴다. 빈자의 눈동자조차 쳐다보지 않는다. 골목상권도 지배하는 재벌이 무섭다.

현실이다.

빈자는 부자를 욕하는 행동을 자주 보인다. 자격지심이라는 생각이 든다. 자격지심 대신 자정작용이 필요한 때가 지금이 아닌가 싶다.

유로존 문제점을 제기하는 언론을 보고 빈자들이 불평과 비판을 할 때 부자는 지금을 투자의 기회로 삼는다.

과거, 외환위기 때를 기억하면서.

빈자와 서민이 위기일 때, 위기의식을 가질 때 여지없이 부자들은 기회로 여기는 습관이 있다.

남들이 마구 사들일 때 부자들은 반대로 사들이지 않는다. 군중심리에 안 넘어간다. 여유목도리를 한 여름에 매입하는 부자들의 행동을 이상하게 여기는 부자는 없다. 하수들만 미친 짓이라고 비판한다. 심지어 손가락질까지 한다.

● 토지거래활성화 복안

'토지거래허가규제 < 양도세 압박'

부동산 거래활성화 및 부동산 경기 장기 침체 진화의 목적으로 수도권에 대대적으로 토지 거래허가구역을 해제했지만 거래의 양은 규제 완화 이전 상황과 별다르지 않다. 오랜 땅값 안정세 속에 규제를 풀었다는 정부의 입장이지만 민심의 흉흉함엔 변화가 없다. 규제완화에 대해 묵묵부답으로 일관하고 있다.

해당주민 및 중개사들은 양도세 완화의 범위를 더 크게 해야 한다고 한 목소리를 내고 있다. 왜? 수요자는 차후, 양도세에 관한 부담을 안고 매입을 하니까. 차후, 매도인이 된다. 투자 수익을 보려는 목적으로 움직이는 자가 대부분이니까 말이다. 토지매입자는 거의 다 미래의 매도인이다. 소액투자자가 많은 이유 때문이다.

수요자가 수요를 꺼리는 일차적, 혹은 이차적 이유는, 2013년부터 양도세 중과를 부활하여 66%를 과세한다는 소식이 난무한 가운데 있기 때문이다.

참여정부 때 만들어진 양도세 66%제도(6%의 주민세 포함)는 과거 노태우 정권의 토지공개념의 개념으로 해석된다. 토지 초과이득세로 인지하는 국민이 대다수이다.

대한민국은 세금공화국. 세금의 부담은 결국, 고스란히 거래의 부담으로 이어지는 것이다. 토지 미거래 현상을 심화시키는 양도세가 문제이다. 급히 해결점을 찾지 못하는 한 토지의 거래 활성화는 요원한 일이 될 것이다. 거듭 강조하지만, 실마리는 양도소득세의 임시, 일시적 탄력 세율의 적용이 아닌, 대대적 감면 안에 있는 것이다.

● 부동산의 최초, 최대 행위

부동산 개발 이슈에 최초, 최대의 수식어가 함께 붙는 곳에 투자 행위를 한다면 안전성이 확보되어 있는 것 같지만 속사정을 분석하면 꼭 그런 건만은 아니다. 녹록치 않은 과정을 밟을 가능성이 크다. 왜? 최초는 신선하고 창조적이지만 정보의 부재가 뒤따를 수 있고 최대는 공기가 길어져 백지화의 우려를 낳을 수 있기 때문이다.

최고, 최초의 부동산이 지지부진한 경우는 아주 많다고 본다.

새만금이니, J프로젝트니, S프로젝트니, 하는 것을 보면 가슴이 답답하다.

대형건설은 최고가 많고 최초가 많다. 최대의 공사비용과 최고의 용적률을 자랑한다. 최고 높이를 자랑한다. 최대 규모도 자랑거리다. 많은 이들에게 환심을 사기 위해 열정적인 노력을 한다. 자연스럽게 홍보가 된다. 관심거리가 된다. 그러나 최장기간이라는 장기공기는 안 밝힌다.

최고(최대)와 최초의 작업은 분명, 대모험이다. 미래에 100% 의존한다. 과거의 자료는 전무한 상황에서 전무후무한 대성공을 이루는 결과물을 기대할 것이다.

예) 국내 최고 공법(처음 시도라 위험을 안고 있다. 위험이 뒤따를 수 있다)

국내 최대 개발규모(대형 공실의 위험이 따를 수 있다)

세계 최초 공법(흔적도 없이 잊을 수도 있다)

세계 최대 규모의 개발(나 홀로 장기 레이스를 펼치는 마라토너 모습이다)

국내 최초의 팔각빌딩

국내 최고의 빌딩

국내 최고의 디자인 아파트 …

모두가 모험성을 지닌 채 움직여 무리수가 뒤따를 수밖에 없다. 대담하고 과감하지만 위험성을 내포한다.

최대와 최초는 책임이 막중하다. 책임이 따른다. 샘플, 표본이, 과거의 사례가 없다. 그 사례를 파괴하는 미래의 거대 개발청사진이 부동산의 최대와 최초이다.

그렇기 때문에 부동산 소유사들은 부동산 광고를 분식하는 힘이 필요하다. 과장광고와 과대광고 중엔, 기사 광고 중엔 '최대'와 '최초'를 난발한다. 해당업체를 맹신하는 행동은 자제해야 한다.

최대와 최초의 표현은 거의 미래에 관한 기대일 뿐이다. 근거와 근간을 찾을 수가 없어 불안하다. 현재의 모습을 통해 미래를 예측하거나 과거의 성공케이스를 통해 미래를 감지하고자 하는 분들에겐 최초의 곳에 투자하는 법을 안다는 것은 아주 어려운 숙제가 아닐 수 없다.

최초와 최고, 최내에 중독되나간 자칫 '최후'를 맞을 수 있다'는 깃을 절대 잊지 말아야 할 것이다.

'국내 최고의 수익률을 자랑~'

과장이다. 과장광고이다. 자화자찬하는 광고는 대부분 실속 없는 허울뿐이다.

대기업에서도 그 짓을 하고 있으니 여러 분은 똑똑한 모습을 잃지 말아야 할 것이다.

대형이건 중견건설업체건 대형 프로젝트를 과감히 진행할 때 과연 그 개발 사업이 꼭 필요한 사업인가 잘 분석하여야 할 것이다.

개발 사업은 크고 화려하다고 꼭 좋은 건만은 아니다.

개발 사업 규모에 비해 가격(분양가)이 최초로 가장 저렴한 사업이라면 혹 할 수는 있다.

● 도탄에 빠진, 위기의 술 취한 부동산

애주가인 나는, 음주와 부동산의 공통점을 가끔 발견하곤 한다.

적당량의 반주는 생의 활력소가 될 수 있어 머리에 샘이 솟을 수 있다고 본다. 적정한 아이디어도 제공하는 것 같아 기분 좋게 만든다. 적당한 부동산 투자도 삶의 활력소를 인간에게 겸허히 제공하곤 한다.

허나, 알코올에 중독되거나 부동산 투자에 중독된 모습은 패가망신의 지름길, 끝장이다. 과욕 부린 부동산 투자자의 말로는 대부분 안 좋다. 1억 원 투자해 재미 본 후 5억 원 투자를 한다. 5억 원이 어느덧 50억 원이 되고 거대 대출 선을 탄다. 이미 부동산에 중독되었다. 돈 놓고 돈 버는 부동산의 도산을 본의 아니게 맞게 된다.

과욕의 음주량이나 투자의 양은 위험하다. 소주 1병 마신 자보다 10병 마신 자가 실수할 확률이 훨씬 높다. 1억 원 투자한 자와 10억 원 투자한 자 중 실수할, 실패할 확률은 10억 원 보유자이다.

안전성에서 차이가 난다. 술에 장사 없듯이 돈에 장사 없다. 돈 놓고 돈 버는 부동산 투자의 모습은 만취한 부동산의 모습이라 생각한다. 재테크는 투자행위이지 도박행위는 아니다. 도박의 성격을 지녔다고 해서 중독되면 안 된다.

돈을 내가 관리를 해야지, 돈에 의해 내가 관리당하면, 사육당하면 도탄에 빠지기 쉽다.

● 부동산 투자의 왕도 = 싱싱한 실용성

부동산 투자의 공식은 있을 수 없지만, 부동신 투자의 왕도는 실수요, 실거주, 실활용의 결정체라 할 수 있겠다.

이러한 노력의 결실로 싱싱한 실용성을 보게 된다.

· 지상물 – 어느 수위의 왕도가 존재한다. 객관적이면서 가격선이 존재하기 때문이다.

· 토지 – 왕도가 없어 지극히 주관적이다. 의견의 일치가 이루어지기 쉽지 않아 가격이 들쭉날쭉하다.

· 건물 – 왕도가 분명한 편이다. 가격선이 분명하다. 불 보듯 하다.

예) 강남의 빌딩의 경우 연 수익률 4%(고정적이라 왕도가 있다는 것)를 장기간 유지하고 있는 중이다. 건물에 관한 시세차익 역시 강북과 달리 꾸준히 높아가고 있다. 강북의 빌딩의 연 수익률은 강남에 비해 높지만 시세차익은 훨씬 떨어진다.

부동산은 이론이 아니다. 이론은 그저 참조사항에 불과하다. 부동산을 알아보는 과정은 실용성에 주안점을 둔 가운데 현장실정의 습득의 반복 행위가 되어야 한다.

'실용성 = 왕도'

왜?

지자체 공무원에 의해 적확한 민원사항을 해결할 수 있다(by 지자체 조례사항).

이미지 부각의 투자자의 경우, 왕도 찾기가 버겁다. 부동산 업자에 의해 해결점 찾는 데에 반복적으로 움직인다. 그러나 주관적이다. 이사람 저사람 의견이 분분하다.

● 도시의 뒷골목의 차

부동산을 분석할 때 습관적으로 비교 검토대상으로 강북과 강남을 도마 위에 함께 올린다. 마치 대형저울에서 저울질 하듯 말이다.

언제나 그랬듯이 비교 후 상황은 극과 극을 그린다.

도시의 뒷골목 역시 강·남북 차가 확연히 나타난다. 드러난다.

종로의 뒷골목과 강남의 뒷골목은 질적 차이가 심하다.

어느 지역이건 뒷골목은 존재한다. 신도시에도 생길 수밖에 없다. 사각지대이기 때문이다. 눈에 잘 띄지 않아 가치에 의심을 크게 갖게 한다.

종로의 뒷골목은 역사가 깊다. 그러나 길이 미로처럼 얽혀 있다 보니 강남의 도시계획대로 발현한 길과 큰 차이를 보인다.

뒷골목이 많고 질이 낮은 곳은 우범지대일 수 있으니 투자처나 매입처를 구할 때 참고적으로 분명한 검토가 필요하다고 본다.

뒷골목이 많다는 것은 그 지역 부동산의 연결성을 가로막는 막다른 골목이 많다는 의미다. 각종 지장물을 죽이는 역할을 하고 있는 도시의 뒷골목은 불필요한 곳이다. 지적도 상의 도로상황을 지적하기도 버거운 경우도 왕왕 벌어진다. 도로계획을 다시 세워야 하는 큰 번거로움이 있다.

강남과 강북의 차이가 무엇인가.

아주 많은 요소가 있겠지만 뒷골목을 유심히 살피면 흥미로울 수 있을 것이다.

강남엔 뒷골목도 도시계획에 의해 인위적으로 생겼다는 것. 강북지역의 뒷골목은 자연발생적, 그리고 환경 친화적으로 발생되었다는 것이다. 거기서 질적 차가 드러나는 것이다.

무엇이든 '계획'과 '기획'에 의해 만들어진 것보다 더 알찬 경우는 없다고 보는 것이다.

중요한 것은, 강남엔 강북지역에 비해 뒷골목의 수가 적다는 점이다. 도시 계획을 수립할 때 뒷골목을 우선적으로 조성하는 경우는 절대 없기 때문이다.

부동산 투자 시, 뒷골목의 수준을 따지기에 앞서, 뒷골목을 피하는 방도를 알아내는 것이 정답이지 않을까 싶다.

땅을 살 때도 마찬가지다. 동일 필지의 상태에서 위치가 안 좋은 땅의 모습은, 영락없는 뒷골목 수준의 땅일 것이다. 될성부른 나무는 떡잎부터 안다.

대한민국에서의 '부동산 개발'이란?

대한민국서 '부동산 개발'이란, 한 마디로 건축행위를 의미한다.

다양한 건축행위 = 개발행위

전용화 작업 후 건축행위까지 해야만 개발을 인정받는 것이다.

개발예정은 개발행위에 절대 속하지 않는다. 전용화, 허가 받은 채 진행을 하지 않는다면 정부로부터 투기의심을 받는다. 전용상태를 계속 유지하면 투기행위로 여긴다. 간주한다. 개발비용이 없어 개발을 진행하지 못한다고 하면 그건 지극히 개인적인 사정이 되는 것.

토지거래허가제도를 시행하고자 하는 것은 땅값 폭등을 막고 투기꾼을 잠재우자는 목적이 있다. 투기자를 색출해 일망타진(거래 스톱!) 하려는 목적으로 만든 제도이다. 개발행위자를 본격적으로 대거 모집하려는 의도가 숨어 있다. 서민에겐 무용지물이나, 부자에겐 국토가 젖과 꿀이 줄줄 흐르는 기회의 땅일 수 있는 제도가 토지거래허가제도이다.

그래서 이 제도의 제조는 서민에겐 두려움의 대상이 될 수 있지만 부자에게는 색다른 개발계획을 세우는 계기를, 동기를 마련할 수 있다. 해당 지자체 입장에선 지역개발을 원하지 않을 수 없는 것 아닌가.

서민에겐 개발행위가 부담이 되겠지만 부자 입장에선 지자체 지원의 등을 업고 개발행위를 할 수 있는 것이다.

🟢 도로의 질과 양

부동산의 도로는 사람으로 치면 혈관과 같은 것. 그만큼 중요한 연결 작용을 해주며 가치를 드높여주는 작용을 강하게 한다. 막힘없는 길은 가치가 높다. 막다른 골목은 여러모로 위험하다. 외부적으로 우범지대로 낙인찍힐 것이다. 길이 막힌 부동산은 모세혈관이 막힌 것처럼 아주 답답한 모양새이다.

연계성과 접근성을 상실한 부동산의 가치는 외롭다. 무가치에 근접하다.

도로 없는 부동산(맹지)은 식물인간 취급 받는다. 죽은 것이나 다름없다는 것.

혈관 없는 사람은 사람이 아니다. 이미 시체인 것.

도로도 질과 양에 따라 가치가 천양지치이다.

도로가 남아도는 지역을 보면 도로 활용도가 엉망진창일 수 있다.

부동산의 애물단지, 맹지만 애물단지 아니다. 잘못된 영향평가도 골칫덩어리다. 도로 사용을 하지 않는다면 도로가 질적으로 낮은 것이다.

반대로, 도로의 사용량이 많아 지체와 정체를 상습적으로 반복한다면 그 길은 도로의 활용도가 아주 높아, 가치가 계속적으로 올라간다. 왜? 인근에 또 다른 도로 사업을 시행할 확률이 지대해서다. 도로의 확포장이나 도로개설계획이 발표되는 순간부터 가치상승현상이 나타난다.

도로가 상습적으로 막히는 곳이라면 일단 합격점.

외부적으로 답답해 보이겠지만 도로활용도 낮은 경우보단 질적으로 훨씬 높다.

• 주택가 내 집 옆에 출현한 4미터 포장도로의 역할 – 상가용 부동산의 출현의 원인을 제공할 수 있다.
• 괜찮은 도로 확보 – 일방통행도로보단 인도와 차도가 함께 확보된 상태의 일반도로가 더 좋다.

이정표 없는 길(도로)도 있다. 이는, 마치 나침반 없는 악산의 산책행위와 별반 다르지 않아 낙상의 위험도를 높인다.

악산의 도로 = 야생 동물들의 산책로

부동산의
장단점 파악하기

🌐 고덕역세권의 '고독'한 모습

고덕역(지하철5호선)은 아주 고독한 모습이다.

배재중고등학교 등 학교와 아파트촌에서만 잠시 고독감에서 탈출구를 찾고 있을 뿐 역세권의 본질을 무색케 만든다. 방문자를 당황케 만든다. 한산하다. 한가한 모습에 노여움마저 들기도 한다.

이러한 가운데서도 출입구가 5개나 되는 것은 아이러니가 아닐 수 없다. 출구 역시 고독한 모습에서 그다지 멀지 않다.

상업시설이 부족하고 각종 편익시설 및 편의시설이 부족하다. 5번 출구에 소규모 상가건물이 작은 얼굴을 내밀 뿐 한가한 모습은 이어간다. 5번 출구서 동떨어진 곳에 주양쇼핑이 백화점 역할을 대신하려 부단한 노력을 하나, 규모와 유동인구 면에서 작고 적은 편이다. 단지 내 독점상가만이 존재감을 조용히 알릴뿐이다.

고덕역세권 역시 일부 서울의 지하철역서 자주 발견되곤 하는 '아파트역세권'에 불과하다.

인근의 길동역과 아주 비교가 크게 되고 있다. 그런데도 주택가격은 서로 엇비슷하다. 땅값이 달라야 하는 거 아닌가? 이 점이 우리나라 부동산의 문제점이다. 개발 양보도, 가격 양보도 추호도 없다.

하드웨어(새 아파트, 브랜드 높은 대기업이 지은 아파트)만 뛰어나다고 무조건 거품가격으로 승부를 걸려한다. 물론, 대기업건설사 입장에선 고덕동이 신도시 버금갈 택지 개발지구의 면면을 보여, 좋은 입지조건이라 자평을 했을 것이다. 그렇지만 아파트 가격만은 현실적으로 길동역세권과 차별을 두어야 하는 것 아닌가. 상업시설이 즐비하고 모텔과 나이트클럽 등 유흥가가 밀집한 길동역세권과 그 주위와, 장애시설 등 복지시설이 즐비한 친환경적인 고덕역세권의 차이점은 확연히 드러난 상태이다. 가격 면에서 길동역과 차별화를 많이 둬 신중산층이 대거 몰린다면 새로운 입지가 설 것이다. 고덕역이.

결국, 아파트는 가격(버블현상의)이 문제이다. 이 점이 땅과 다른 점이다.

아파트는 지역에 상관없이 일단 거품이 들어가는 일이 예사. 단독주택이 아닌, 공동주택의 위상을 일단 외부에 알리려는 욕망, 과욕이 너무 심하다. 아직까지도 예전의 습관과 관습이 남아 있는 것이다. 아파트 프리미엄시대와 전매시대를 추억하고 있는 것이다.

땅은 지역에 따라 값이 매겨진다. 지상물의 질과 수(양)에 따라 정해지기도 한다.

● 불법과 탈법이 낳은 우리 주위 몹쓸 부산물들

불법과 탈법이 낳은 우리 주위 몹쓸 부산물들은 마치 살얼음 위의 100Kg 거구 모습이요, 사상누각의 모습 같다.

• 술집 밀집촌 옆의 모텔촌(어울린다. 잘 매치가 된다) – 예) 천호역세권, 길동 역세권, 수유역세권 등

　초등학교 앞의 술집(안 어울린다)

• 학원 옆의 모텔촌(모델 영입이 질 되는 편이란나) – 나용노 보넬이 증가하는 추세(지극히 부자연스러운 현상이다. 요즘은 고3남학생이나 고3여학생이나 어른 모습과 다르지 않다).

　술집 밀집촌 옆의 교회와 점집(안 어울린다).

로비사회, 상납사회인 우리나라서 부동산의 부조화현상이 많이 일어나고 있다.

불법 성인오락실(도빅징)이 도심을 가로지르거나 오피스텔에 입성한다. 성매매업소 역시 오피스텔에 입주해 불황을 타지 않는다.

선릉역 10번 출구의 대기업서 지은 대형오피스텔(25층짜리)의 경우, 불법적으로 성매매 업자가 들어와 영업하는 것을 내 눈으로 몇 차례 직접 목격하였다. 알고도 모른 척 하는 관리실이 싫다. 월세만 꼬박꼬박 잘 내면 그만인가. 환금성만 뛰어나면 그만이라는 부동산주인의 의식이 문제의 부동산을 양산하는 것이다.

● 묻지 마 투자와 묻지 마 투표

· 묻지 마 투표 – 유권자의 오판이 사기 정치를 부른다.

· 묻지 마 투자 – 문외한의 무모한 행동이 오판을 사, 사기꾼을 부른다.

· 투표 – 국민의 의무이자 권리. 투표를 국민의 의무로 지정하고 있으나, 투표율이 점점 낮아지고 있다. 투표한들 뭐하나. 묻지 마 투표자가 급증 중이니 별 소득이 없는 가운데 서있다.

· 투자 – 국민의 의무가 아닌, 권리이지만 선택사항. 의무사항인 양 무모한 행동을 하는 자가 늘고 있다. 100세 시대를 대비해(명목으로) 투자를 꼭 해야 한다고 스스로, 수시로 자주 최면을 건다.

예비정치인은 출사표를 던지자마자 돈을 쓴다. 투자한다.

돈 = 정치 돈 = 투자

정치부동산의 사슬을 전부 끊을 수는 없겠지만 자제하여야 할 범위는 조기에 만들어 놓아야 한다고 본다. 묻지 마 투표를 줄이기 위해서다.

결국은, 유권자인 국민의 반복적인 묻지 마 투표가 궁극적으로 묻지 마 투자로 이어지는 셈이다.

능력 있는 정치인을 뽑기 위해선 능력 있는 국민이 필요한 것이다.

국민은 똥(고약한 공약을 내거는 자)과 된장(고수할 공약을 내거는 자)을 잘 구별할 수 있는 능력이 필요하다.

● 먹자골목 = 놀자 골목, 그리고 '임대 중' 건물

호황 속의 옥에 티가 보인다.

어느 지역이건 먹자골목은 상존한다. 형성된다.

대학가이건 도심가(도시의 중심가)이건, 혹은 주택가의 일부에서 말이다.

현실적으로 '먹자골목 = 놀자 골목' 등식이 성립된다. 구 단란주점인 노래방이 먹자골목 안에 꼭 공존 중이다. 그 수가 아주 많다. 노래만 하는 노래방은 장사가 안 되다 보니 멀티 노래방이 대부분. 술+여자(도우미)+ ∝가 형성된다.

각종 모형의 나이트클럽 공존도 먹사골목 활성화에 난난히 한 몫 한다.

부동산 매입 시, 주위, 주변 모습을 잘 분석하는 일이 중요하다.

예) '임대 중'이라는 푯말이나 작은 플래카드가 널브러져 있는 상가건물 등은 한 번 정도 매입을 고려해야 한다고 본다.

애매모호한 점은 먹자골목 안에서도 '임대 중'이라는 상가건물(매장용 선물)을 빌건할 수 있다는 것이다. 부동산 매입 시, 옥에 티를 발견하는 것도 큰 숙제이다.

먹자골목 안에, 놀자 골목 안에 걸 맞는 업종이 안 들어오면 임대 중 건물로 전락할 수 있다는 것이다.

■ **먹자골목의 두 종류**

자타가 공인하는 곳과 그 반대의 곳

예) 장충동 원조 족발집과 난립의 유형들

(소비자 기만행위는 공개적으로 골목상권을 파괴시키는 것! 그리고 이 세상에 하나 밖에 없는 진정한 원조도 파괴하는 짓!!)

🟢 최초의 모험

부동산 개발의 최초는 첫 시도. 여지없는 모험이다.

신도시가 그 대표적인 범례.

새롭게 개척하는 것이라 무리수가 따를 수 있다. 허허벌판(농지상태이거나 임야상태)을 개발한다는 것이 만만치 않은 작업이니 말이다. 신도시건 미니신도시건 괜찮은 지목서부터 시작하는 개발사항은 하나도 없다. 농지와 산지를 전용한다. 용도 전환한다. 벼락부자가 탄생하는 큰 연유다. 촌놈이 졸지에 왕 노릇 한다. 대대적인 보상이 이루어진다.

신도시가 난발하고 택지개발지구(미니신도시)가 난발하는 현 시점서 최초의 위험도를 체크하는 일은 아주 중요하고 적절한 작업이라 본다.

신도시 역간 거리는 길고 지루하다. 녹지 공간(보전의 공간)이 아주 많다는 뜻이다. 기존 도심권과는 다른 면이다.

예를 들어, 종각역과 종로3가역 사이는 도보로, 속보로 5~10분 거리로 아주 짧게 형성되어 있다. 접근도를 자연스럽게 높여준다. 신도심권인 부동산1번지 강남역 주위도 마찬가지로 접근성이 뛰어나, 도보로 모두 10분 상간의 거리를 확보하고 있다. 역삼, 선릉, 삼성, 강남역 모두 가깝다.

분당신도시는 애써 '성남'과 '분당'으로 구분되어 있는데 역간의 거리가 멀고 접근도가 떨어지는 편. 성남과 분당의 차이가 많다. 극과 극으로 자평하는 성난 성남시민도 있다. 분당과 성남 간 도보거리는 40분 정도. 멀다. 멀고도 가까운 국가, 일본의 느낌을 받는다.

신도시 = 최초의 모습(최초의 과정을 꼭 밟는다)

미니신도시 = 최초의 모습(최초의 과정을 밟는다)

아직은 실패한 신도시는 안 나타나고 있지만 실패한 택지개발지구는 많다. 최초로 생긴 지방오지의 택지가 문제의 개연성을 남긴 것이다.

위험요소가 많은 최초의 사항. 최초는 많은 사람들에게 관심도가 높으나 녹지의 관심도는 낮다. 녹지를 매입하려는 사람은 극히 드물기 때문이다.

이중성을 지닌다. 부동산의 양면성이다.

🔘 규제 수위에 관한 오해 풀기

규제에 관한 깊은 고착관념의 해제가 필요한 때가 지금이 아닌가 싶다. 부동산이 장기 불황을 걷고 있고 부동산 의식의 변화도가 큰 때가 지금이라 보는 것이다. 오랜 군사독재정권에 의해 무성의 하게 난발되어진 규제사항의 문제점을 제기하고자 한다.

부동산의 규제사항 및 사상 = 장애물, 장애자의 모습

규제 수위도 종류가 있는 법. 곧 완치(해제)가 가능한 규제와 영원히 완치가 힘들거나 기적, 대운을 바랄 수밖에 없는 경우의 규제사항이 있는 것이다. 전자는 토지거래 허가구역이나 주택 및 토지투기지역(금융권 대출의 일시 일부 제약이 뒤따름)의 모습을 말한다. 후자는 군사시설보호구역이나 그린벨트 등의 경우를 말한다.

사람의 장애 역시 크게 둘로 나뉜다. 일시적 다리 부상의 장애와 선천적 원인이든 후천적 원인이든 영원히 장애를 안고 살아가야 하는 처지의 장애로 말이다. 전자의 경우가 부동산의 규제사항 중 하나인 토지거래허가구역의 처지. 후자는 군사시설보호구역, 그린벨트, 국립공원, 자연환경보전지역 등과 같은 경우라 하겠다.

잠시 동안 입은 부상은 규제가 아니다.

부동산의 규제사항은 가치의 보류 또는 하락의 동반이다. 완치와 재발의 반복이 문제.

토지거래허가제도와 같은 것이 이에 해당된다.

• 규제 시 - 하락세

• **해제 시** - 거품을 동반한 상승세를 빚어낸다.

완치(해제) 됐다는 해방감 때문에 긴장감을 잃게 되어 재발하는 사례도 있다.

규제 아닌 규제인 경우도 있다.

상대정화구역(학교보건법 제6조에 규정된 것으로, 초중고 교육시설의 담장으로부터 직선거리 200미터 이내에 교육상 위생, 유해업종의 인허가 등에 대해 제한과 규제를 가할 수 있는 구역)과 식품안전보호구역(Green Food Zone, 학교주변 200미터 이내의 공간으로 서울특별시가 지정한다. 불량식품, 패스트푸드, 탄산음료, 지방이 많이 들어간 과자는 판매를 금한다)의 상태는 부상(일시 장애) 중에 활동이 가능한 경우라 하겠다.

• **상대정화구역** - 학교 이전 시 자동소멸, 자연 해제 된다.
• **식품안전보호구역** - 역시 학교 이전 시 자연 해제 된다.

평생 장애를 안고 살아가야할 규제 속에도 해결점은 있다.

군사시설보호구역의 경우 통제구역(군부대협의 가능구역)과 제한구역(행정위탁구역)이 있다.

전자는 불치병으로 완치불능상태이고, 후자는 역시 부상 중 활동가능한 상태다.

군사정권시대인 1970년대부터 지금까지 규제의 암울 속에 헤매는 그린벨트 역시 해결점 모색이 가능하다. 거주자 우선의 작은 개발은 부상 중 활동가능하다. 그린벨트(개발제한구역)는 도시의 경관 정비를 목적으로 지정한 것이기 때문이다. 환경 보전을 위해 설정된 녹지대이다. 생산녹지와 차단녹지로 애써 구분된다. 건축물의 신축, 증축, 용도변경, 토지의 형질변경이나 분할에 제한을 가하고 있다. 그러나 국토부장관, 도지사, 시장, 군수의 승인 또는 허가를 받아 구역설정 목적에 위배되지 않는 한도 내서 개발행위가 가능하다.

부상 중이지만 활동이 가능한 이유가 여기에 있는 것이다.

문화재보호구역은 어떤가.

반세기 역사를 자랑하는 국가가 대한민국 아닌가. 문화재는 보존가치. 보전의 가치는 역사가 증명하는 법. 당연히 대한민국 안에 문화재보호구역이 많을 수밖에 없는 환경조건이다.

문화재보호구역도 종류가 있다.

보호가 절실한 보호구역이 있고 1구역, 2구역, 3구역, 4구역, 5구역으로 나뉜다.

이중 4, 5구역을 제외한 구역은 위치상 문화재와 가깝다 보니 개발에 제한을 받을 수밖에 없다. 문화재 훼손 범위(지자체 자주법에)를 피해 4,5구역서는 개발이 가능하다. 즉, 보호구역, 1구역, 2구역, 3구역은 개발 시, 빨간불이 켜질 수 있다는 것. 반대로 4구역과 5구역은 개발 시 파란불을 켤 수 있는 상황이다.

자연보전권역도 알아보자.

경기권역 31개 지역 몇 군데가 지정되어 있는 상황. 한강 수계와 녹지 등 자연환경을 보전할 필요가 있는 지역이다. 수도권 정비계획법에 적용을 받는다.

해당지역은 이천시, 남양주시(화도읍, 수동면, 조안면), 용인시(김량장동 일부), 가평군, 양평군, 여주군, 광주시, 안성시(일죽면 일부)이다.

■ 규제 해제

장기 혹은 단기간 앓던 이빨이 빠지듯 시원하겠지만 재발의 우려도 항시 있으니 주의해야 한다.

매입 시, 규제사항이 없다가 규제가 전격적으로 생긴 경우도 다반사. 뉴타운개발권역인 줄 모르고 집 샀다가 패가망신 당하는 경우가 허다하다.

규제에 관한 깊은 오해는 부동산 매입을 힘들게 만들기도 한다. 그래서 선입견부터 버려야 한다.

수질보전특별대책 1, 2권역을 살펴보자.

- 1권역 – 주수 이전 후 허가 신청 가능
- 2권역 – 주소 이전 없이 허가 신청 가능

즉, 수질보전특별대책지역을 무조건적으로 규제사항이라 해석하면 안된다는 것이다.

왜? 지역특성상(태생+천생) 어쩔 수 없는 상황이기 때문이다.

수변구역도 마찬가지 관점서 알아보아야 한다.

수질보전을 위해 환경부장관이 일방적으로 지정, 고시한다. 한강수계와 낙동강수계, 금강수계, 그리고 영산강+섬진강수계로 나뉜다. 그 넓이는 약 1000km² 수위.

부동산의 권리분석도 중요하지만 부동산의 의무 를 분석하는 일도 아주 중요하다. 의무사항 중엔 대다수가 규제사항. 규제사항의 준수 및 준용이 중요하다.

결국은, 강과 바다, 호수 등 물과 접한 지역엔 여지없이 자연보전권역, 수질보전특별대책지역, 수변구역의 닉네임을 추서(?) 받는다는 것이다. 규제 지정 목적은 따로 있다.

궁극적인 목적은 수질 보전에 있는 것. 개발제한의 목적이 아니다. 개발제한을 하는 이유는 수질보전을 위함이다. 강제성을 띄어야 수질보전이 가능하다는 판단이 들었을 것이다.

　· 규제 속성 – 활용 우선의 원칙을 고수한다.

예) 그린벨트 – 거주자 우선의 혜택. 질서와 규칙이 존재한다.

　　토지거래허가구역 – 개발자에게 우선권이 주어진다.

　　수질보전특별대책지역 – 거주자 우선권 존재

　　군사시설보호구역 – 군사업무용도에 적합한 경우에 우선권을 준다. 민간인과 군인으로 구분되어지지만 말이다.

　　문화재보호구역 – 문화재 관련 업종에게 각종 혜택이 주어진다. 해당 지자체와 문화재청에서 말이다.

예) 도자기 마을 - 경기 이천

■ 대한민국 국토(땅)의 특징

규제사항 > 개발지 및 개발사항

규제가 너무나 많은 국토에 개발을 가한다는 것은 지극히 이중적인 자태이다.

상업지역이 넓지 않아 상입지역은 건폐율과 용적률이 상대적으로 높다. 상업지만 선호하는 부자의 행동반경, 행동거지에 신경 쓰이는 이유가 있는 것이다.

● 답답한 역세권의 유형 둘

답답한 역세권 유형은 둘.

횡량한 허허벌판의 유령역세권(녹시 시내가 과한 상황)과 시야를 가려 앞이 답답한 역세권이 그것이다.

환승역세권 신길역 3번 출구를 최근 다녀오고 나서 답답한 맘을 크게 가지게 되었다. 사방팔방 모두 건물과 아파트로 뒤덮인, 파묻힌 상태라 이동인구의 시야 확보가 무방비 상태다. 안내 이정표를 가린 꼴이라 외부인이나 타지 사람들은 인근 여의도 혹은 영등포 방면의 길을 찾기가 몹시 힘든 상황.

유령역세권보다는 훨씬 낫겠지만 불쾌지수가 80 이상 오르는 삼복더위 때는 환경적 요건은 제로라 본다.

환경 친화적인 부동산이 대세인 지금, 역세권 부동산을 매입 할 때 지장물들의 구도를 잘 그려야 할 것이다. 주먹구구식으로, 이기적으로 건물들이 지역에 들어선다면 주거 인구는 답답함을 느끼지 않을 수가 없다. 땜질식 건축의 형태는 전체적인 분위기를 해친다. 땜질식 용도변환이 문제점으로 지적되는 것이다. 한군데 집중 개발하는 방식이 문제이다.

역의 크기와 규모에 비해 지장물들이 난잡하게, 공작물들이 난잡하게 들어서 있다면 장기적인 면에서 부동산 가치는 낮다고 본다. 갈수록 웰빙 바람이 거센 가운데 100세 장수시대를 맞고 있기 때문에 잘 어울리는 부동산 입지라 보지 않는 것이다.

유령역세권과 답답한 역세권의 모형서 부동산 투자 시 주의할 점을 찾게 된다.

지나치게 많은 녹지 공간을 보유한 역세권은 유령역세권이고, 지나친 건물의 남용은 환경에 위배되는 것이라 강조하고 싶다. 몸의 크기에 비해 짐이 너무 많다는 뜻이다. 다리(기초)가 지탱할 힘이 빠지게 될 것이다.

● 땅 살 때 주의사항

하천 인근의 땅은 위험스러워 보인다. 물리적으로나 행정적으로 미래 행적이 불투명해질 확률이 높기 때문이다. 우선, 자연재해 등 물리적 충돌현상에 의해 행정적 피해를 입는다. 법의 보호를 받지 못할 수도 있다.

하천 편입 토지보상 등에 관한 특별조치법에 의해 전체가 보호 받을 수 없다. 국가하천과 지방하천 급수의 영향력에 따라 보호, 비보호가 가려진다.

전남 광양에 사는 김 모 씨(66)는 23년 전, 하천 인근의 농지를 약 440m²를 매입하였다. 수년전 김 씨 땅은 수해에 의한 물리적 폐해를 자주 입자, 시는 김 씨 땅 일부를 하천 편입토지로 분류 편입하기에 이르렀다.

그러나 도청은 편입된 부분의 땅에 대한 보상을 해주지 않고 있다. 이유는, 법조항 때문.

국가하천1급수는 보상 대상이지만 2급수 상대는 보상이 안 된나는 법조항이 문제인 것.

김 씨 땅은 국가하천2급수에 해당된다는 것이다. 23년간 토지세를 납입한 김 씨는 억울한 입장.

어이가 없는 것은, 시로부터 받은 돈이 고작 19,000원이라는 점! 김 씨에 따르면 23년간 납입한 토지세에 관한 보상수위라는 설명이다.

하천 인근의 농지. 사지 않는 게 좋겠다.

내 땅 일부가 하천에 매정하게 편입되어 보상을 못 받는 위 김 씨의 경우가 또 생기지 않으리라는 보장이 없기 때문이다.

1급수는 보상규정이 있고 2급수는 보상규정이 없다는 답변만 도청으로부터 반복적으로 건네받은 김 씨는 지금 답답한 마음을 억누를 수 없는 지경이다.

내 땅 일부가 만약, 2급수로 편입된다면 국가에, 지자체에 생때같은 내 땅을 공짜로 헌납하는 꼴. 아주 불합리한 법이 아닐 수 없다. 이상한 법률 때문에 억울한 피해자가 계속 나올 여지가 많다.

위 김 씨는 수년전에 이미 편입된 사실을 알고도 지자체와 논쟁하는 것이 몸서리가 쳐져 거의 포기상태였지만 지금은 생각이 바뀌어 계속 싸우겠다는 의지를 표명하였다.

왜?

부동산의 물을 흐려놓는 법조항이 몹시 싫어서다. 자신과 똑같은 처지의 피해자가, 사례가 계속 쏟아져 나올 것을 미연에 방지하겠다는 대승적인 맘이 더 강해서라는 김 씨의 부연설명이다.

● 불경기 때 투자자가 꼭 체크할 사항

지금은 지자체가 개발계획을 유동인구가 많은 지하철 등에 적극 홍보, 공고하는 시대이다. 즉, 개발계획의 진척도, 실용성을 투자자가 손수, 직접 체크해야 한다는 것이다. 화려한 홍보에 유혹되어 후회하는 경우도 생길 수 있다. 지자체 홈페이지에 개발계획이 서있어 투자자는 이를 맹신하기 쉽다.

허나, 개발의 백지화 내지 지연화를 체크하는 작업은 꼭 필요한 과정. 허무맹랑한 개발청사진을 홈페이지에 올렸다면 투자자는 주의해야 한다.

개발면적이 지나치게 넓다든가, 개발기간이 너무 길게 된다면 문제가 발생할 확률이 높다.

개발비용이 천문학적인 경우도 문제 발생 소지가 크다.

더욱이 민자 개발이 일부 포함되었다면 앞날이 더욱더 불투명해 미래를 장담할 수가 없다.

개발면적을 본 후 개발의 필요성을 점검해야 한다. 개발면적이 지나치게 넓으면 개발비용이 많이 들고 공사기간이 길어질 수밖에 없다. 5년을 넘기는 공사는 위험하다. 개발공약한 단체장이 연임하지 않는 한 그 개발은 지연 공사가 불가피할 수밖에 없기 때문이다. 차기 단체장이 무효화도 선언할 수 있는 것이다.

용인 경전철사업은 천문학적인 돈이 투여된 케이스. 조 단위!

개발계획의 난발, 남용시대이다. 홍보의 물결이 거세다. 투자자 입장에선 똥과 된장을 가릴 수 있는 능력이 필요하다. 색깔이 같다고 나 된장은 아닌 것이다. 만약, 똥을 선택했다면 낭패! 냄새가 난다. 각종 비리의 내.

개발계획 없는 지자체는 없다. 오지의 지자체도 관광지개발을 운운하며 대대적인 홍보에 열을 올리고 있어 투자의 주의가 필요하다. 개발의 진정성을 꼭 체크해야 한다.

화려한 개발청사진이 빛 좋은 개살구가 될 수 있다.

용인, 인천, 성남.

이들 지역은 어떤가.

공무원 월급이 위태위태할 정도로 빚이 많은 상태다. 전 시장들의 방만한 관리가 도마 위에 오른다. 용인과 성남은 전임시장이 구속 수감되어 지역 이미지에 큰 손상을 입었다. 무모한 개발이 빚어낸 결과다.

반대로, 빚 없고 투명한 지자체도 있다. 장수군, 함양군, 완도군이 그곳.

이들 지역은 인구 많고 빚 많은 지자체보다 인구는 적지만 알뜰 행정의 표본을 보이고 있다. 무리한 선심성 개발청사진을 자제하고 규모와 처지에 맞는 개발을 선행하였다. 무모한 지역의 축제성 이벤트도 자제하였다.

개발규모가 크고 화려하면 뭐하나.

적자에 허덕이면 주민이 버거워질 것인데~

청사만 화려하면 뭐하나. 내빈외화인 것을! 즉 난부자든거지 모습인 것이다. 비록 청사가 낡았지만 난거지든부자면 훌륭한 것 아닌가.

지금은 지자체의 무리한 개발계획이 각종 비리와 특혜가 뒤따를 수밖에 없는 구도다. 주민감시체제가 필요한 이유다. 방만한 행정 편의주의와 화려하게 치장한 포퓰리즘으로 주민을 우롱(유혹)하는 행위는 금물!

성남과 용인은 수도권의 광역후보지, 그리고 인천은 수도권의 광역시.

이들 지자체는 덩칫값을 참 못하고 있다고 본다.

투자자는 지역의 위험성을 따져가며 움직여야 하는 이유를 충분히 인지하여야 할 것이다. 불경기일 때 투자는 신중하되 과감할 필요성은 있다. 신중하지 않은 과감함은 모험과 별반 다를 바 없다. 불경기 때는 틈새의 기회보단 위험성이 더 크다는 사실을 알아야 한다.

천하의 대학도 문 닫는 세상이다. 지자체라고 예외일 수는 없다. 문 닫을 지자체가 우리 도처에 널려 있기 때문이다. 전국적으로 행정통합 바람이 거센 이유가 있는 법.

단체장의 무모하고 화려한 개발공약과 계획이 불경기에 허덕이는 주민들에게 큰 위안이 될 것이라는 생각은 큰 오판, 오산이다.

얼굴과 몸매만 예쁘면 뭐하나(화려한 외형). 유방암에다 자궁암까지 걸린 지자체라면(썩은 사고방식) 끝인 것을.

문 닫을 지자체가 있다면 그 지역은 사람들로부터 외면당할 것이다.

국민들로부터 집단 따돌림 당할 대상이다.

🟢 부동산의 장단점 파악하기

부동산은 때에 따라 그림자, 혹은 빛으로 우리 곁에 다가온다. 맴돈다. 부동산은 장단점으로 맺어진 재화로, 무조건적 현상은 없다. 즉 탄력성과 융통성이 다양한 모습으로 존재한다는 것이다. 이 역시 투자자가 몰리는 이유이기도 하다.

역세권 내의 부동산의 가치는 높을 수 있지만 때로는 맹점도 존재하는 법이다. 역세권 아파트 모습서 나타나는 철도 소음현상, 매연의 극심함은 아파트 창문 오픈을 힘들게 만들어 삶의 질을 떨어뜨려 놓는다. 살기가 버겁다. 이러한 아파트는 환금성이 낮다. 저질의 환경여건을 차기 주인이 쉽게 눈치 챌 수 있어서다. 역세권 내의 아파트라 가격도 만만치 않은 상황.

예) 중앙선 일부 역서 발견

부동산 매입 시 우선적으로 주변지역의 상세한 안내가 필요하다. 가격과 가치를 떠나 우선 메시지(어필)가 있는 부동산이 필요하다 하겠다. 그 메시지는 수요자가 수용하기 나름. 해석하기에 달려 있어, 나름의 분석에 따라 가치가 달라진다.

공동묘지(가족묘지공원)의 부동산도 메시지가 담겨 있다고 필자는 본다. 묘지공원을 무조건적으로 혐오시설물로 취급하는 것은 지나친 선입견.

왜? 꼭 필요한 설치물이니까(사자의 차별화가 문제! 동작동 국립현충원은 무덤이 아니던가. 사람들은 그 무덤들을 무덤으로 안 본다. 지극히 무덤덤하다). 나도 언젠가는 꼭 죽는다. 내일, 혹은 오늘 죽을 수 있어 묘지공원은 꼭 필요한 부동산이다.

어떤 자는 장애인시설도 혐오시설물도 단정 짓는 경우도 있다.

자신도 언제라도 후천적 장애를 입을 수 있다는 사실을 모르는 행동이다. 장애시설물도 꼭 필요한 것이다. 언제 어느 때라도 나도 장애인이 될 수 있는 자격(?)이 있기 때문이다.

묘지공원이나 장애인시설 등을 무조건적으로 혐오시설물로 취급하는 것은 지나친 선입견으로 인간이 할 도리가 아닌 것이다. 단순한 혐오수위를 넘을 수 있다. 묘지공원 주위의 유동인구를 분석할 필요성을 느낄 수 있기 때문이다.

지역브랜드의 색의 차이일 뿐이다.

납골당, 해군기지 등도 매한가지의 의식이다. 군사시설을 주거시설과 부동산 교환, 맞바꾸는 사례가 있다.

예) 이천시 마장면(위례신도시에서의 군사시설 이전) – 군과 민의 합일체를 보았다. 택지개발과 군사시설의 교환의 사례이다. 윈-윈 전시작전을 수행한 케이스다.

정당한 명분+목적의식이 필요하다. 무조건적인 주민 반대는 지역이기주의의 팽배를 만든다. 윈-윈 의식이 영원히 상실 될 수 있다.

■ 사거리 역세권의 장점과 맹점. 장점의 쟁점화

사거리 역세권은 부가가치가 높고 유동인구가 많다. 상권 활성화의 큰 원료이다. 사거리 역세권 모두가 그런 것은 아니나, 예외사항은 거의 없다.

- 광명사거리역 – 10개의 출입구가 있고 대형시장이 상존해 있어 인구의 이동이 잦은 곳이다.
- 신대방삼거리역 – 6개의 출입구가 있고 대형 오피스텔이 즐비하다
- 미아삼거리역 – 6개의 출입구가 있고 롯데백화점과 연계되어 이동인구의 편의성을 적극 제고하였다
- 신정네거리역 – 4개의 출입구가 있다
- 단대오거리역 – 7개의 출입구가 있고 잠재성이 뛰어난 곳이다
- 간석오거리역 – 9개의 출입구가 있어 역시 잠재력을 기대하는 곳이다
- 부평삼거리역 – 3개의 출입구가 있다

■ 삼거리(그 이상)역세권의 특징

출입구가 다양하고 각양각색의 모습을 선보인다.

버스 연계 또한 다양하다. 주변지역과 연계될 수 있는 조건을 갖추고 있다.

대형시장이나 대형 오피스텔, 백화점 등의 테마가 있는 부동산(시설물)은 역세권의 존재의 가치를 드높일 수 있는 재료들이다. 강하고 큰 무기

가 될 수 있다.

🟢 역세권 투자 주의보

역세권 개발경쟁이 너무 심하다. 치열하다. 개발난발현상도 너무 많은 상황이라 투자자의 주의가 절대적으로 필요하다.

강원 오지 중에도 역세권 개발계획이 잡혀있는 곳이 있다.

예) 속초 등지(역이 들어선다며 기획부동산서 농림지역을 평당 20만 원에 팔고 있다)

허나, 설령 역이 오지 속에 들어선들 무슨 소용!

얼마 안 있어 무용지물+ 유명무실해 질 것이다. 오지의 틀에서 크게 벗어날 수 없다. 그러한 곳이 전국적으로 많다. 개발예정지역이나 개발완료지역서 발견된다.

경춘선 일부구간과 중앙선 일부구간엔 역세권에 대한 기대치에 비해 훨씬 못 미치는 경우가 많다. 허다하다.

예) 중앙선 양정역(농촌 역세권 모습. 시골 분위기인 1번 출입구로 나오면 똥냄새가 진동해 코를 괴롭힌다. 거름 내 때문)

역이 꼭 필요로 하는 곳(지역)인지 꼭 면밀히 분석하여야 할 것이다. 고정주거인구가 5만 명 안팎인 경우는 위험신호이다.

왜?

기반 및 편의시설의 필요성, 활용성에 문제가 발생할 소지가 크기 때문이다. 상용자, 활용자가 없다면 각종 기반 및 편의시설은 무용지물, 지역의 흉물로 변조될 것이다.

사용자가 부족한 시설물은, 즉 사용자가 별로 없는 지역의 시설물은 흉물 노릇을 하기에 충분하다. 이미 들어간 거품가격 때문에 거래의 성적표는 최악으로 치달을 것이다.

역세권 아파트단지에도 미분양 속출현상이 벌어지고 있다. 모든 역세권지역이 안전시대가 아닌 것이다. 역세권 아파트에 미분양 현상이 벌어진다는 것은 그 역은 이미 유령역세권 노릇을 하고 있다는 의미이다.

의식주 중 옷은 유행을 절대적으로 따른다. 20년의 패션이 지금의 유형패턴과 맞는다.

그러나 음식문화는 과거의 문화를 따르지 않는다.

부동산 역시 마찬가지.

갈수록 변모한다. 어떤 사람은 부동산도 유행을 따라, 유행이 돌고 돈다고 한다. 나시 아파트 프리비엄 시대가 올 것이라는 신단을 스스럼없이 내린다. 위험한 진단이다.

🟢 수도권 중앙선 양정역의 존재가치?

양정역(남양주시)을 내리면 황량한 풍광과 만난다. 스산한 분위기가 엄습한다. 1번 출입구에 나오자마자 거름 내와 함께 눈앞에 바로 밭이 펼쳐진다. 2번 출입구는 나오자마자 스피디하게 달리는 차량들 밑의 차도가 방문객을 기다린다. 밤엔 암흑, 칠흑 같은 어둠에 무섭기까지 하다. 역세권을 무색하게 한다.

버스 연계성도 단순해 서울 제기동 경동시장행 버스가 가뭄에 콩나듯 지나간다. 평소 이용객도 없는 상황. 이동 인구를 위한 수단인 택시 잡기도 버겁다. 2번 출입구로 나와 빠르게 달리는 여러 차량 앞에서 택시를 잡는 등산객들의 모습이 위험해 보인다.

양정역은 영락없는 시골역에 간이역 수위라 각종 편의, 편익시설이 전무한 상태다. 식당은 1번 출입구에 2~3개 상존 중이나, 이동인구가 없어 썰렁한 분위기다. 그리고 가내수공업 공장들이 서있다.

유동인구인 등산객들을 위한 기본 교통시설과 편의시설이 제로상태라 본다. 오히려, 양평군의 국수역이나 용문역의 등산객 수보다 훨씬 적다. 물론, 산의 성질 면에서 차이는 있을 수 있지만 말이다.

허나, 기본이 아쉽다는 것이다.

■ 양정역세권의 특징

① 시골분위기 + 공장(소기업 수위), 창고시설이 많은 편이다.

② 양정역은 역이 존재한다는 이유 하나로 땅값이 절대 비쌀 필요가 없

다고 본다. 시골역으로 그냥 존재하는 것에 만족을 해야 한다고 보기 때문이다.

③ 인구 이동량 < 차량 이동량

아주 조용한 역이다. 차량 이동소리만 간간이 귓전을 때릴 뿐이다. 인구가 별로 없는 곳이라 아주 고요하다.

④ 1번 출입구는 2번 출입구(공용주차시설)와 달리, 수용이 안 되어진 모습.

역세권 농지(밭) 상태를 온전히 유지하고 있다. 외형적으로 현재 경작, 개간 중인 모습이다.

통상적으로 역세권 앞은 토지수용법이 적용되나, 양정역 1번 출입구의 모습은 사뭇 다르다.

땅과 역 출입구가 거의 접한 상태다. 답답한 기운마저 든다. 한 구역 차 옆과 도농역이 너무 큰 격차를 보인다.

· **도농역과 다른 양정역의 본체** – 양정역엔 아파트가 한 채도 없다. 작은 규모의 공장이 집보다 더 많은 수를 차지할 정도로 주택이 별로 없는 상황이다. 역 앞에 주거인구가 별로 없다는 의미.
· **도농역** – 아파트 천국에 각종 편의시설이 잘 갖춰진 역세권.

양정역과는 한 구간 차이지만 수준 차이가 많아 보인다. 거대 주상복합아파트가 이 지역의 랜드 마크 역할을 단단히 하고 있다. 인근의 구리역과의 접근도를 높일 뿐만 아니라 수준차도 많지 않다고 본다. 도농복합 도시로서의 위상을 뛰어넘는다. 투자처로서 적격이다. 그 이유는 인근서 토지보상이 대대적으로 이루어지고 있기 때문이다. 전 지주들의 인근으로의 땅 투자 시점에 맞춰 대대적인 폭풍이 일 것으로 내다보인다. 부동산 업소가 많은 이곳의 미래는 양정역과 많은 차이를 보일 것이다.

대한민국엔 역이 들어서지 않아도 될 곳이 너무 많다. 양정역은 다른 역세권 지역과 달리 땅값이 매우 싸면 존재의 가치가 있다고 본다. 역세권 투자지역이 아니기 때문이다. 유도인구 및 유동인구를 끌어들일만한 관광학습 프로그램을 만들어야 할 것이다. 당장 주말농장 확대 및 등산객 확보 등을 통해 말이다.

양정역에 방문할 목적, 명분이 많아야 역세권으로서의 면목이 서는 것 아닌가.

뛰어난 서울과의 접근성에 비해 너무나 개발이 취약해 보인다.

빈자와 부자의 행적 03

● **좋은 땅과 안 좋은 땅의 선별 기준선**

■ **안 좋은 땅의 기준**

① 개발이 안 되는 땅 – 희망이 없다

② 개발이 안 되는 땅을 아주 비싸게 살 경우 – 위험! 절망적이다

③ 개발이 되는 땅이지만 아주 비싼 땅 – 희망은 있으나 희망의 빛을 보려면 기약 없는 많은 양의 시간 투자를 해야 한다. 즉, 되파는 매도기간을 길게 잡아야 한다는 것이다. 살인적인 폭리에 희생당했기 때문이다. 아무리 개발계획이 탁월해도 해당지역 땅을 너무 비싸게 샀다면 거의 실패작이다.

예컨대, 시세가 100만 원인 땅을 200만 원에 매입했다면 평당 100만 원을 손해 보는 것.

매입평수와 정비례하기 때문에 손해가 막심하다. 만약 300평을 매입했다면 일단의 손실금은 무려 3억 원이 되는 것! 매입하자마자 3억 원을

허공에 날리는 꼴이다.

①과 ②의 경우, 과거의 기획부동산의 모습. ③의 경우는 현재의 기획부동산이 상용하는 수법이다.

결과적으로 기획부동산의 땅값은 비싸다는 것이다.

터무니없는 가격과 터무니없는 개발사항 – 몹쓸 징조

비현실적인 개발사항과 부동산 가격이 문제점을 야기한다.

■ 좋은 땅의 기준점

개발계획에 비해 저렴한 땅.

실용성 있는 개발계획(실현가능성 높은)과 현실적이고 실용적인, 현실타당한 가격의 땅.

엽기적인 개발사항을 못 믿는 세상이다. 백지화 현상이 자주 일어난다.

엽기적인 가격사항 역시 못 믿는 세상이다.

역세권의 사각지대

역세권엔 항시 사각지대가 존재한다. 역세권의 두 모습을 본다. 두 얼굴을 가진 역세권은 너무 많이 상존한다.

서울역과 남영역 사이 대로변의 상황이 그 실례.

구형건물들이 낡고 처참한 모습을 보이고 있다. 폐쇄, 방치된 건물도 여럿. 도심 역 주위의 흉물스런 모습이다. 새 옷을 갈아입은 남대문경찰서 옆 동자동 모습에서 두 얼굴의 행태를 엿본다.

쪽방촌의 이미지와 Seoul Tower+Seoul Square(쭉쭉빵빵 초호화 빌딩의 자태를 뽐내고 있다)는 큰 대조를 이룬다.

대형호텔(힐튼호텔) 앞 쪽방촌의 광경은 경이로운 극과 극의 모습.

관광특구지역인 명동역세권에도 사각지대가 숨어 있다. 다중환승역인 동대문 역사문화 공원역도 예외일 수 없다.

역세권엔 여지없이 사각지대가 나타난다. 그러나 역세권의 사각지대도 전격 용도변환 되어 개발될 수 있다. 범례로 미아삼거리역을 들 수 있다. 롯데백화점이 들어선 후 많은 변화를 일으켰다.

역세권의 사각지대는 비역세권역과 달리, 희망사항은 항시 남겨두고 있다. 문제는 기약 없는 개발이란 점.

따라서 주연의 변화에 따른 주변 변화를 눈치껏 분석하여야 한다. 인구(고정인구와 유동인구)가 팽창하면서 용도변환 되어 랜드 마크 빌딩이 들어서면 사각지대의 우리 안에서 벗어날 수 있다. 경제인구가 급증하기 때문이다. 대신, 역과의 거리가 너무 동떨어져 있다면 소용없는 일. 범례로 서울역 인근을 들 수 있겠다. 남영역 쪽으로 지나치게 치우친 지역은 사각지대서 좀처럼 벗어나기 힘든 모습이다.

사각지대도 희망적인 지역과 절망적인 지역으로 대별된다. 마치 땅의 맹지 모습처럼 말이다. 즉, 절망적인 맹지와 희망의 맹지 말이다. 전자는 진입도로조차 만들 수 없는 지경이고 후자는 맹지상태 인근에 개발계획이 탄탄히 잡혀 있는 경우다.

● 용도지역보다 더 중요한 것

접근도는 도로의 상황의 다른 말. 길의 중요성을 강조하는 것이다.

도시지역의 맹지보다는 도로에 접한 비도시지역(생산관리지역이나 농림지역의 농업보호구역)이 더 낫다. 도시지역의 맹지들은 기획부동산의 기회로 작용한다. 기획부동산이 호시탐탐 노리는 곳이다. 단순히 도시지역이라는 이유로 다량의 맹지들이 마구 판매되고 있다.

도시지역의 희소성(16%)을 강조하며 판매하지만 쓸모없는, 즉 재산권행사가 힘든 상황의 땅들이다. 길이 없어 건축이 불가능한 땅이 대부분. 그렇기 때문에 그들은 개발사항만 강조하는 것이다. 개발이 백지화 혹은 장기 지연되면 투자자는 실패를 하는 것이다.

지목보다 더 중요한 것이 용도지역이고 용도지역보다 더 우선순위로 중요한 것이 도로상황이다.

■ 중요도

(입지여건 = 도로 상황. 입지현황은 도로, 길의 상황에 따른다. 인구와 도로상황이 빼어나다면 입지조건이 뛰어난 것. 단, 길 사정이 빼어나다고 꼭 인구가 유입하는 것은 아니다)

① 길(접근도) – 인구(고정)에 예민함을 보인다.

② 용도지역 – 용도 및 활용의 범주(토지이용계획상으로 확인이 가능하다)이다.

③ 길(도로와 지목) – 활용도(접근도)로서 현장답사를 통해 확인이 가능하

다. 인공위성사진은 그저 참고사항으로 상용한다.

지도는 지도일 뿐이고 사진 또한 사진일 뿐이다. 현장에 가기 전에 우선 검토할 작은 자료에 불과한 것이다. 여기에 더 큰 의미를 두는 순간 실패의 쓴잔을 마실 수 있는 것이다. 지도만 보고 투자하는 문외한은 실패한 사례이다.

🟢 시와 브랜드 가치

시 승격 자격요건은 5만 명 이상의 읍면단위를 2개 이상 보유하고 있는 10만 명 이상의 지자체에 해당하나, 현실과 안 맞는 경우가 다반사다. 인구 10만 명 안팎의 시도 많다.

① 남원시 – 87,257명(2012.4현재)

② 문경시 – 77,304명(여자인구 > 남자인구)

③ 나주시 – 89,157명

④ 보령시 – 106,343명

⑤ 상주시 – 105,501명(여자인구 > 남자인구)

⑥ 삼척시 – 71,825명

⑦ 태백시 – 계속 줄고 있는 판국

　　1987년 : 120,208명

　　1997년 : 60,483명

　　2002년 : 55,231명

2010년 : 51,558명

⑧ 속초시 – 84,302명으로 지자체 차원서 대대적으로 인구 늘리기 지원책을 강구하고 있다.

⑨ 동해시 – 94,390명

⑩ 동두천과 포천시 – 각기 10만 명 안팎을 유지 중이다

· 고정적인 인구가 적다는 의미 – 도로의 상용자를 주로 유동인구(관광이동인구)에 기대하는 경우라 하겠다. 이동인구에 기대한다.

예) 바캉스 때와 명절 때의 지체와 정체현상은 주거고정인구에 의해 생기지 않는다.

이동인구의 모습이다. 마치 신선한 풀을 뜯기 위해 아프리카 물소 떼가 이동하는 모습과 같다.

도시지역으로의 용도변경도 무의미할 수도 있다. (고정주거)인구가 적은 도시화는 무의미하다. 용도의 변환은 대의명분이 뚜렷해야 한다. 그래야 빛을 발하는 법.

고정인구 = 지역 브랜드의 주요재료

주거인구 10만 명 안팎의 시의 의미 – 지역경제력의 악화가, 약화가 크게 우려된다.

그렇지만 현재의 불안한 시가 잠재력이 있다면 기하급수적으로 인구가 늘 수 있다.

그 반대로, 인구가 꾸준한 감소세를 벗어나지 못한다면 시를 전격 반납해야 할 것이다.

단순히 시라고 해서 군보다 우월하다는 의식을 버려야 할 것이다. 현실적으로 군보다 훨씬 뒤떨어진 시가 많은 상황.

시의 브랜드 가치가 군의 브랜드 가치를 압도한다고 보기는 힘들다.

여주군과 양평군은 어지간한 시보다 브랜드 가치가 높은 상황.

딘면민 보고 판단하면 오판을 쉽게 할 수 있다. 비록 현재는 군단위지만 시단위로 업데이트할 자세가 갖춰져 있다면 그 지역의 미래는 밝다고 본다.

● 부동산 하수가 자주하는 우문 둘

부동산 하수로부터 자주 받는 우문은 둘이다.

① 대박 디질만한 투자처를 알려주세요.

– 개발의 백지화와 장기지연 현상이 잦아 이런 질문은 위험한 우문이다.

대박 터트릴 만한 곳은 이젠 없다고 본다. 갈수록 부동산 투자 성공 자가 적어지는 이유다.

② 앞으로 부동산이 어떤 방향으로 갈 것 같습니까? 장기전망 부탁드립니다.

– 당장 내일의 부동산 일도 모르는데 장기전망을 해달라는 말은 말도 안 된다. 미래예측은 차신차의 하여야 한다.

각 지자체단체장들이 내놓은 공약사항(각 지자체 홈페이지에 열거 중) 중 임기 5년 내 지켜지는 공약이 얼마나 될까, 스스로+수시로 그려본다. 개발계획의 몸집이 너무 크다면 분명, 높고 가파른 빚더미에 올라앉을 것이고 개발계획을 수립조차 하지 못할 것이다.

부동산의 전망은 절대적으로 참고사항으로 여겨야 한다. 가치와 가격에 관한 전망뿐만 아니라 개발전망과 투자 장르까지 전망을 함부로 하면 안 된다고 본다. 현재의 상황을 작게 그린 후 미래 역시 현실에 맞게 작고 실용적으로 그려야 한다. 허황한 큰 플랜은 당장 큰 기대와 희망으로 작용해 차후 큰 실망감을 맞게 만든다. 현실과 아주 가까운 전망이 필요하다고 본다. 그래야 실망감이 적어 불가역성서 빨리 탈출할 수 있는 것이다.

언론에서 부동산 미래를 함부로 하는 전망+예측, 자제할 일이다. 호들갑 떨지 말자. 조석으로 바뀌는 전망치도 본다. 시청자와 독자(투자예정자)들의 주의가 요망된다.

● 종교와 기획부동산

'여보세요, 부동산 정보가 있는데 땅 사세요'

불특정 다수를 상대로 전화영업을 하던 기획부동산이 이젠, 영업방식을 바꾸고 있다.

지인들을 통한 영업이 성행하고 있다. 학교 동창이나 동네 사람들에게 서슴없이 땅을 팔고 고액의 수당을 거머쥔다.

심각한 것은, 심지어 종교를 팔아 영업을 하는 것! 교회 다니는 목적이 변질되고 있다. 절에 나가는 이유가 따로 숨어 있다. 성당 나가는 목적이 불순하다.

기획부동산엔 여전히 아줌마 부대, 주부들이 극성맞게 영업을 하고 있다. 기획부동산 입장에서 이 아줌미부대 즉, 직원들에게도 땅을 판매하기도 한다. 좋은 땅이니 당신들부터 사라고 반강제적으로 강요한다. 영업사원 입장에서 영업이 수월하다는 기획부동산 오너의 주장이다. 직원들에게는 땅값을 깎아준다. 고객에게 주는 땅값에서 어느 수위서 할인을 해주며 환심을 산다. 고객에게 자신의 즉, 영업사원의 땅 등기필증을 보여주면 영업이 더 수월하다는 것. 고객에게 믿음을 심어줄 수 있다는 억지성 주장이다.

기획부동산은 다단계업체 영업 그 이상으로 진인하게 영업을 하고 있어 주의가 요망된다.

교회의 교인, 불자들, 성당사람들을 상대로 좋은 땅 운운하며 접근도를 높인다. 하나님, 부처님, 하느님을 팔아 땅을 판다. 믿음과 소망과 사랑을 악용하는 것이다. 자비가 어쩌니 하며 영업을 한다.

분명한 점은, 이들이 양심을 자신과 지인들에게 함께 동시에 속인다는 것이다. 기획부동산의 땅이 어떤 가치가 있는지 잘 알면서도 자신의 식구를 먹여 살리자고 못된 범죄를 저지르는 것이다. 자기 살겠다고 남 죽이는 꼴이다.

회사로부터 자신이 땅을 매입하는 경우는 지극히 순진한 직원들이다. 참으로 안타깝기 그지없다. 이러한 '장사'를 하는 자들은 하나같이 몰상식한 개만도 못한 인간이라고 본다. 기획부동산이 뿌리 채 뽑히지 않는 이유는 이런 몰상식한 자들이 상존해서다.

신성해야할 교회 내서 집사님, 권사님 하며 접근하는 기획부동산 아줌마들을 주의하여야겠다. 종교만은 팔아먹지 말아야 할 것이다.

지금은 기획부동산 업체서 아줌마 직원을 채용할 때 땅 살 지인들이 많은 지 그것부터 체크 한다. 아무리 먹고 살기가 급급해도 기획부동산에 입사하는 일은 없어야 하겠다. 본인은 물론이고, 나를 알고 지내는 친족들이 큰 고통을 입게 된다. 사람이 할 짓이 못 된다.

지금 이 시간에도 과거, 기획부동산에서 땅을 매입한 피해자들이 필자에게 땅 좀 팔아달라고 신신당부한다. 그러나 불가능하다. 한결같은 맹지에 개발가능성도 의심되는 땅들이 대부분이니 말이다. 만약 그 땅을 나의 애독자에게 판다면 난 영락없이 사기꾼이 되는 거다.

여하튼, 기획부동산 근처에도 가지 말라고 재차 당부 드리고 싶다.

🟢 땅 매입 전에 우선적으로 인지 할 것

부동산의 각종 통계는 부동산의 실상(현실 접근)이 아니다. 부동산의 통계는 미래예측의 결정적 도구가 될 수 없다. 왜? 통계수치의 대상물이 일반적이지 않을뿐더러 솔직담백하지 못하기 때문. 정확도가 떨어진다. 그리고 조사대상의 수도 너무 적고 편파적이고 편협한 성격을 지닌다. 공정성과 형평성을 못 믿겠다.

각종 통계, 확률은 새로운 행태의 거짓말이다. 통계는 10% 안팎의 참고사항에 불과하다고 본다. 통계를 맹신하는 행위는 위험하다.

우리나라의 농지는 약20%, 그리고 산지는 64%이다. 대부분의 땅 투자자들은 이러한 지목들을 접하게 된다. 농지와 산지를 매입하기 전에 우선적으로 볼 것은, 분힐 직진의 평수 모습 즉, 총 넓이의 분포도를 실펴보는 것.

한 필지의 넓이가 어마어마하게 광활하다면 무의미한 땅이라고 치부하라. 처치곤란의 땅이다. 개발의 여지가 불분명하다. 불투명하다. 산지가 아주 넓다면 악산일 확률이 매우 높다.

입목축적도(울창도)와 경사도를 측정할 수 없을 정도로 성적표가 안 좋다. 일단의 좋은 땅의 판별법은, 한 필지(원형)의 평수를 잘 알아보는 것이디.

● 인구의 질

유동인구가 아주 많은 도심지역 종묘 앞의 상가들을 상용하는 인구는 다름 아닌, 노인 인구이다. 노인 상권이다. 수요층이 노인이 대부분이다보니 인근 상인들의 푸념이 자연스레 이어진다. 왜? 소극적인 수요를 하기 때문이다.

반면, 대학가의 상권은 어떨까.

적극적인 수요를 한다. 같은 비경제활동인구(유동인구=대학생, 노인)지만 큰 격차가 보인다.

수요측면이나 질적으로 말이다.

• 노인층 – 가격흥정 오래하다가 매입 안 하는 경우도 다반사이다.
• 젊은 층 – 흥정시간이 짧다. 아니, 흥정을 모른다. 안 한다. 신경 쓸 게 많아 여기에 덜 신경 쓴다고 본다. 바쁘다.

탑골공원에 노인들이 잔뜩 모여 유유상종 중이다. 외국관광객들이 사진을 찍는다. 왜 사진을 찍는 걸까.

비경제활동 인구인 대학생과 노인은 지역의 상권을 만든다. 전자는 새롭지만 후자는 새롭지 않다. 전자는 졸업생과 신입생을 환승하지만, 후자는 환승을 못 한다. 잠재력 면에서 차이가 난다.

부동산 구입 시 양질의 인구를 선택한다. 물론, 노인 분들을 폄훼하고자 하는 일은 절대 없다. 왜냐, 고령화 시대를 맞아 7080(70세 이상)에도 일하시는 노인 분들도 꽤 있기 때문이다. 70세 이상의 노인도 7080세대처럼 일을 한다. 정치인들 중 70세 넘은 노인도 꽤 있다.

재벌총수도 마찬가지다.

무조건 젊은 인구가 양질의 인구라고 단정하기 어려운 이유다.

여하튼, 일하는 인구가 많은 곳에 부동산이 있다면 그 부동산은 잠재력이 큰 부동산이다. 단, 젊다고 꼭 일하는 것은 아니니 잘 살펴보고 움직이자.

🟢 진정한 맹지 구분법

우리나라엔 맹지가 아주 많다. 개발지보다 미개발지가 훨씬 많은 이유다. 그렇지만 현재의 상태는 맹지지만 속성은 맹지상황이 아닌 경우가 있다. 지금 당장 맹지를 개발할 수 있는 경우는 외부적으로는 맹지상태지만 맹지라고 부를 수 없다.

예컨대, 옆에 인접한 토지주인이 사용 및 상용에 관한 승낙을 해주면 이야기가 달라지는 것. 길을 내서 건축이 가능하다면 현재는 맹지상태지만 맹지가 아닌 것이다.

도로에 직접 붙어 있는 맹지는 존재하지 않지만 도로에 간접적으로 붙어 있는 경우는 존재, 상존, 공존한다.

호가호위(狐假虎威)할 수 있는 절호의 찬스가 있는 경우이겠다. 남의 권세(비맹지의 지주)에 의지하여 위세를 부릴 수 있다.

■ 절망적인 맹지와 희망적인 맹지의 당장의 구분법.

• 절망적인 맹지 – CCTV 설치가 불가능한 상황의 맹지상태

• 희망적인 맹지 – 절망적인 맹지상황의 반대의 맹지상태

갈수록 CCTV의 필요성이 사회문제로까지 비화되고 있는 지경이다. 각종 범죄의 만연으로 무인카메라가 지역의 주요 부대시설 및 편의+편익시설로 인정받는 세상이다. 이러한 기본적인 준기반시설의 설치가 불편한 조건이라면 그다지 좋지 않은 환경조건을 의미하는 것이다.

🟢 빈자와 부자의 행적

가난한 사람의 꿈 – 부자 되기

• 부자의 꿈 – 가난한 자를 도와주는 것.

　이러한 경우는 선진복지국가의 관념적 판단으로, 일례로 노르웨이, 스웨덴, 덴마크 등의 부동산 선진국서 자주 발견된다.

• 부자의 꿈 – 큰 부자 되기
• 큰 부자의 꿈 – 더 큰 부자 되기
• 더 큰 부자의 꿈 – 세계 1위 최고의 부자 되기.

　이러한 경우는 선진 혹은 후진 자본주의국가의 고정적 관념으로 본다.

• 가난한 사람 – 직장이 비정규직일 수 있거나 실업자일 확률이 매우 높다.

　부동산 미소유자로 여유가 너무 없다.

• 부자 – 사업가가 많고 부동산 보유자가 대부분으로 빌딩과 땅을 가지

고 있다.

- **물질적인 부자** = 정신적인 부자(자본주의국가) − 사회주의의 무조건적인 배척
- **권력, 힘의 부자** = 정신적인 부자(사회주의국가) − 자본주의의 잠정적인 장점 일부를 체득, 절충하며 경제를 유지한다.

- **빈자** − 단순한 금융권 상용(예. 저축은행)
- **부자** − 다양한 부동산 활용(땅과 빌딩) − 과거, 부동산이 땅과 아파트로 대별되었다면 지금은 땅과 빌딩(예. 상가 등)으로 구분된다. 집합건물인 아파트 붕괴에 의해 파생된 구분법이다.

- **가난한 집안** − 한 사람이 못 사니 마치 도미노처럼 일률적인 행태가 이어진다.
- **부자의 집안** − 증여와 상속을 애써 부인하지 않는다. 부인하는 사람 한 명도 없다.

한 사람이 성공하면 줄줄이 도미노처럼 다 처지가 좋아진다. 첫 단추(선조)가 단단하게 잠겨진 결과치이다.

가난이 새로운 행태의 가난을 부르고 부자가 새로운 부자를 낳는다.

🟢 관광특구에서만 볼 수 있는 이색광경

노숙인이 많은 곳에 부동산의 질(가치)은 낮아질 수밖에 없다. 노숙자가 강남보다 강북지역에 몰려 있는 이유도 관심 있게 연구해야 할 터이다. 노숙자가 많으면 부동산 가치가 떨어지는 이유는, 인구의 이동 때문. 빠져나간다. 줄줄이 나간다. 전출현상이 잦아진다. 아프리카 물소 떼가 강 건너 먹잇감 찾듯 무더기로 무섭게 이동한다.

노숙자의 경우와 많이 다르게, 노점상 역할은 크다. 전출인구가 많은 경우와 다르게 유동인구를 끌어 모은다. 노점상 없는 상가밀집지역은 썰렁한 분위기를 유지하나, 노점상 있는 상가지역의 모습은 활기차 보인다.

예를 들어, 서울 명동과 인사동, 동대문시장과 남대문시장은 국제관광특구로 지정되어 많은 인기를 얻고 있다. 일본인과 중국인이 대다수를 차지하며 유럽인도 유동인구 중에 하나의 부류(=부락)를 이룬다.

관광특구서 움직이는 인구 즉, 유동인구는 세계인구라 할 수 있겠다.

상업지역 = 노점상 有
〈준주거 행태를 포함한 준주택 모형으로 오피스텔 수위(주거+업무)〉

다양화 되어진 문화가 공존한다. 다용도로 활용도가 높다. 공간 활용도가 높다.

'주거지역 = only 고정인구(주거인구)'

상업(사업성)지역과 주거(거주의 성격)지역의 차이를 느낀다.

집단으로 움직이는 노숙자는 부동산을 죽이지만 노점의 집단화(집단본능)는 부동산에 활력을 불어넣는 역할을 담당한다.

'유입인구, 유혹의 역할을 담당한다 = 집단화된 노점 형성'

'노점 = 국내외 유동인구와 단골인구가 공존한다.

관광특구지구에서만 볼 수 있는 유일한 광경이다'

● 이천 땅 못사는 별다른 이유

이천의 역사(역세권)의 생김은 새로운 역사의 새김이 될 것이다. 도농복합도시의 이미지를 가지고 있지만 아직은 시골의 향이 많이 난다.

이천의 미래상은 역의 발생에서 발견된다. 도자특구를 끼고 개발하는 신둔역과 시청 인근의 이천역, 그리고 초역세권을 꿈꾸는 부발역에 달려 있다 해도 과언이 아니겠다. 현지주민들도 많은 기대를 안고 있는 실정이다. 보상을 진행 중인 현재의 부발역(특정개발진흥지구) 주위, 인근 땅은 상당한 거품에 시달리고 있다. 덩달아 많은 이들의 머리와 가슴 속에 거품이 잔뜩 들어간 상태이다.

부발읍 아미리를 찾는 투자자들의 행도, 행보는 둘.

지주들을 뺀 나머지는 중개업자와 투자예정자로 요약할 수 있다. 이천에 많은 사람들이 오가지만 투자자는 그다지 많지 않다. 사고 싶어도 사지 못하는 사연은 그다지 복잡다단하지 않다.

이천 땅 못사는 이유는 분명하다. 현장감이 안 좋아서 땅 못사는 경우
는 거의 없고 비싸서(각자의 관념) 못사는 경우가 태반 이상이다. 아니, 투
자(매입)자금이 모자라서, 혹은 턱없이 모자라서 못사는 경우일 것이다.
투자예정자의 솔직한 심정이다.

비싸다는 것은 자신이 돈이 없어서, 이천에 투자할 자금이 부족, 역부
족을 의미한다. 한 마디로 능력부재다. 결코, 여윳돈 있는 자에겐 비싸지
않다는 의미도 부여된다. 절대 아니, 상대적 이중성을 보유한다.

단, 기획부동산에서의 매입은 위험천만하다. 그들은 수요자를 상대로
살인적인 폭리행위를 서슴지 않고 자행하고 있으니 말이다.

빈익빈부익부 현상을 아미리 현장서도 목격한다.

50대로 보이는 이장님을 부러워하는 사람들이 많다. 황금부자를 이미
예약 중이니 말이다.

실수요자를 학수고대하는 이천을 사지 못하는 이유는 지나친 거품! 비
싸서다.

🟢 100원짜리 땅과 100만 원짜리 땅의 차이점

평당 100원짜리 땅과 100만 원짜리 땅의 차이점은 무엇일까.

가장 큰 차이점은, 지주의 지속적인 지대한 역할이라 본다.

100만 원짜리 지주는 활동적이라 할 수 있고 100원짜리 지주의 활동범
위는 좁을 것으로 지레 짐작된다. 아니, 아예 활동할 생각조차 하지 않을
것이다. 그러니까 100원 가치만 하는 것 아니겠는가.

능동적인 면과 수동적인 면은 '능력'으로 요약된다.

물론, 능력의 요소로는 경제적인 요소가 있겠지만 가치의 활용능력도 무시할 수 없는 노릇.

숨어 있는 활동반경을 못 찾는 경우가 100원짜리의 가치 아니겠는가.

부지런한 지주의 땅과 그렇지 않은 지주의 땅은 하늘과 땅 차이다. 전자는 다용도의 모습이지만 후자는 휴한지 모습. 휴식 중인, 혹은 식물인간의 모양새이다.

땅을 바닥에서 사는 세상이 아니다.

신공항백지화 사건의 충격서 아직 벗어나지 않았다. 그 사건의 기억이 아직까지도 생생하다. 신공항 백지화 사건서 이미 우리는 터득하였다. 불안한 시작은 차라리 안 하니만 못하다는 것을.

일단 바닥을 뛰어넘은 상태서 매입전선에 뛰어드는 게 나을 듯싶다. 바닥시세 이상의 땅들의 공통점은 현장감 등에서 느끼는 접근도가 매우 높다는 것이다.

바닥시세의 아파트는 없겠지만 바닥시세의 땅은 전국적으로 많은 수량을 자랑한다.

땅의 희귀성이란, 개발지 즉, 가용 토지(약5%)서 승부가 나는 법.

100원짜리 땅에서 승부를 하는 것은 무법천지의 모습이다.

왜?

껌 값(500원)도 안 되는 땅은 땅이 아니라는 판단에서다.

웃긴 점은, 100원짜리 땅도 조금만 관심을 보이면 하루 새 두 배 급등한다는 것이다. 100원짜리 땅이 200원으로 변한다면 기분 안 좋은 지주

없을 것이다.

■ **결론**

지주나 지주예정자는 부지런한 사람이 되어야 한다.

땅의 정당한 공법을 잘 알아보는 모습은 아름답다고 본다.

지자체 입장에서 아주 반기는 모습.

왜? 지방세(취·등록세)가 급증하니 얼마나 좋으랴. 거래가 죽어 있는 지자체보다 거래가 활성화 되고 있는 지자체는 미래가 아주 밝다는 판단이다.

더욱이 단순 투자 목적을 뛰어 넘어 크고 작은 개발을 목적으로 거래하는 사람들이 늘고 있다면 지자체와 해당 지역 입장에서는 매우 기분 좋은 일이다. 이것이 바로 지역개발이요, 해당지역이 서서히 꾸준하게 발전하는 모습인 것이다.

100원짜리 땅이 많은 지자체보다 100만 원짜리 땅이 많은 지자체의 미래가 밝다. 근면, 자조, 협동하는 곳이라 여겨진다. 새마을 운동의 정신을 인용하였지만 부동산 주인의 게으름은 보기 흉하다. 투자건 매입이건 부지런한 자에게 절대 유리한 것이다

게으르면 투자도 매입도 힘들다. 아무래도 100원짜리 땅보다 100만 원짜리 땅이 더 부지런하지 않을까.

(질문) 우리나라에서 100원짜리 땅은 전국토의 몇 %인가?
(답) 정확한 수치 없음!

(∵ 알아보는 과정에서 100원짜리는 가격 일생 마감! 조사하는 과정에서 이미 거품이 들어간다. 그 배경 속엔 지주와 중개업자가 항시 함께 있다.)

● 도로와 역의 數

우리나라처럼 도로의 공사를 자주 하는, 많이 하는 나라도 드물 것이다. 지자체 예산이 남아도는 통에 억지로 하는 도로 공사 말고 개발공약과 환경명목으로 도로 공사하는 모습을 전국에서 확인하기란 그리 어렵지 않다.

너무 많은 도로 때문에 놀라기도 한다. 몇 개월 새 새 도로가 생긴다. 비포장도로 찾기가 힘들 정도이다. 때문에 흙 찾기 참 힘든 세상이 되었다. 그만큼 시멘트도로와 아스팔트도로가 많다는 뜻이다.

대한민국에 도로의 수, 대단히 많아 도로 인근 땅 잡기 그리 어렵지 않다. 도로에 바로 붙은 땅보다 도로와 관련된 땅이 늘고 있다. 맹지가 비맹지 化가 지속직으로 이루어지고 있다.

도로가 100% 중요한 게 아니다. 도로 자체의 중요성에 집착하는 습관을 버릴 때이다.

주위 환경과 여건의 중요성을 따른다. 그에 따라 도로의 활용능력이 좌우되는 것이다.

■ 각종, 각양각색의 도로가 난무하는 이유

'농지(전답, 과수원) = 20% 가량 차지'

농지가 있다면 농로는 당연히 존재하게 마련.

(임도 역시 난무! 산지가 전국에 64%를 차지하니 이 역시 당연한 현상)

내 땅 인근에 개발이 진행된다면 내 땅의 농로는 개발완료 시에 농로 이상의 역할을 담당할 것이다.

도로 못지않게 중요한 게 역이다. 철로의 중요성은 스피드다. 순간적이다. 아니, 순발력을 보인다.

도로와 철도의 차는 크다. 펄펄 난다는 표현을 쓰고자 한다. 막힘없이 뚫린다.

역세권은 스피드와 잠재성을 지닌다. 국토의 동맥 이상의 노릇을 한다. 대동맥이라는 표현을 쓴다.

'우리나라 역세권의 수 = 우리나라 역의 수 = 괜찮은 성직자의 수'

그만큼 역이 더 필요하다는 말이다. 도덕적이고 깨끗한 성직자가 더 필요하다는 뜻이다.

■ 역의 종류

① 간이역

② 유령역

③ 초역세권 = 트리플역세권 = 환승역(멀티역세권)

④ 지나가는 역

⑤ 있어도 그만 없어도 그만인 역

위의 다섯 가지 종류의 역 중에 자신에 맞는 역이 있다면 잘 생각하고 투지히는 게 좋을 것이다. 간이역을 보는 관점은 사람마다 다 다를 수 있다는 뜻에서 굳이 밝히는 것이다. 경춘선의 김유정역을 보고 어떤 이는 간이역 수위, 다른 분은 관광역으로 생각을 한다.

유령역은 문제가 될 것이 분명하지만 말이다.

■ 결론

도로의 수와 역의 수, 더 늘려야 한다는 데 모든 이들이 공감, 동감을 할 것이다. 수송능력의 한계점을 매일매일, 혹은 주말이년 느껴지지 않더냐. 전국이 일일생활권이 되고자 한다면 전철의 능력+위용이 전국적으로 확대되어져야 한다고 본다. 생각 같아선 제주도까지 연결되었으면 싶다. 도로의 역할보다 크니 강조하는 말.

지하철 1~9호선이 하나도 없다고 생각해봐라. '지옥철'이란 표현을 쓰고 있지만, 지하철 없다면 그야말로 지옥이 따로 없을 것이다.

04 부동산 **매입 전에** 살펴야 할 것

🟢 역세권 땅 왜 좋은가?

'역세권 땅 왜 좋은가?'

우문처럼 들리겠지만 분명, 우문은 아닐 게다.

역세권 땅을 외면하는 사람은 현실적으로 없기 때문에 역세권 땅이 좋을 수밖에 없다. 외면한 분이 있다면 그 이유는 분명할 것이다. 접근하지 않은 이유는, 역세권 땅에 관한 가격거품 때문에 지레 겁을 먹어서 일게다.

경의선의 경우, 역세권에 관한 빈부의 격차가 너무 심하다. 경의선 종점인 문산역과 바로 전 역인 파주역과의 차이는, 격차는 너무도 크다. 파주역은 관계 설정이 되기 전의 모습이다. 물과 기름 관계이다.

파주역은 두원대학이 있을 뿐 별다른 모습이 없다. 기존 주거지 사람들을 위한 교통편의를 내세워 파주역을 자랑하고자 한다면 큰 착각이라 여겨진다. 우선적으로 투자자들을 모집해야 되는 거 아닌가 싶어서다.

두원대학 주위의 주거지 모습이 애처롭기까지 하다. 대학가의 흔한 원룸 하나 없다. 아파트도 없다. 술집도 없다. 대학상권의 모습은 조금도 찾을 길 없다.

문산역 주위는 실거주자들이 눈여겨봄직하고 파주역 주위는 투자자들이 관심을 보여야 한다고 본다. 파주역 인근에 투자자들이 많이 몰리면 가격과 가치는 동반 상승곡선을 탈 것이다. 물론, 투자자는 실수요자를 찾겠다는 결연한 의지가 동반되어야 함은 당연지사이다. 그래야 지역발전이 되는 거 아니냐. 투자자만 모집되어진다면 그 지역은 투기판만 되는 것이다. 가시적 발전이 없는 가운데 가격거품만 형성된다면 큰일이다.

실수요, 실거주가 많았을 때 그 지역은, 파주역은 옆의 문산역처럼 발전하는 법. 파주역이 옆의 문산역처럼 되지 말라는 법 없다.

부동산이 요즘 파리 날리는 이유가 무엇인가.

민통선 땅을 전문으로 하는 문산역이나 파주역이나 거래량이 태부족. 부동산업소가 난립하고 있는 문산역에 비해 파주역은 눈을 씻고 찾아 봐도 부동산업소 모습이 안 보인다.

결과적으로, 문산역 인근이나 파주역 인근의 거래량은 안 좋다. 그 이유는 이러하다고 본다.

문산역은 가격거품에 관한 의심이 들어 지레 겁먹고 투자자들이 접근을 금지하는 것이고, 파주역은 발전의 기미가 안 보여서 접근을 금하는 것이다.

투자자나 매입자는 구매전선에 뛰어들기 전에 이유 없이 생긴 역세권은 없을 것이라는 판단을 하자. 이런 판단이 서야 역세권을 알아보는 명목과 면목이 함께 서는 것이다. 역세권이라는 하나의 이유가 비역세권을 압도하는 현실에서의 판단인 것이다.

● 땅 알기의 시발점과 종착점

- 땅 공부의 시발점 – 땅값 오르는 요인과 원인을 분석한다. 강하고 큰 원인을 발견하고 목격한다. 현장에 자주 가보라. 눈으로 한 번, 몸으로 또 한 번, 최소 두 차례 경험을 발품을 통해 해본다. 느껴본다.

- 땅 공부의 종착점 – 땅의 빠른 환금화를 위한 노력. 되파는 방도를 발견, 목격한다.

- 투자시점 – 종착역에 도착했을 때 비로소 투자에 관한 자신감이 자연스레 발동하게 된다.

- 땅값 오르는 요인 – 인위적 요인(위정자의 공약사항 통해)

  환경적 요인(자연녹지지역의 행태 – 자연환경 및 작은 개발에 의해 급증한 인구 덕에 자연을 훼손하지 않는 범위 내서 최선의 개발을 해야 하는 경우)

- 땅의 장점과 매력 = 땅값 오르는 요인
- 땅의 장점과 결점 = 땅값 오르는 요인(단, 장점의 수가 결점의 수를 압도하여야 한다)
- 땅의 작은 단점과 큰 장점 = 땅값 오르는 요인(작은 단점의 수가 많더라도 큰 장점이 있어 그나마 다행스러운 경우이다. 예. 토지거래허가구역과 토지투기지역 상황에서의 큰 개발사항이 상존하는 경우)

• 땅의 커다란 장점과 매력 = 땅값 폭등하는 요인

폭락의 요인은 좀체 발견하기 힘들다.

예) 가용 토지가 5%뿐인 우리나라는 상업지가 태부족. 산지와 농지가 대부분인 이유가 크다. 게다가 맹지가 전국적으로 널브러져 있는 상황. 즉, 개발지보다 미개발지가 훨씬 많은 상황이다. 다시 말해, 비싼 땅보다 싼 땅이 훨씬 많다는 증거.

(비싼 땅 – 사람들의 손을 낳이 탄 상황의 땅, 싼 땅 – 손 한 번 안 탄 순진무구한 땅)

평당 5만원 이하짜리 땅들이 대한민국에 너무도 많다. 5만원의 상태서, 바닥시세서 폭락할 폭이 어디 있겠는가. 내려갈 처지가 아니다. 내려갈 틈바구니가 없는 상태가 미개발지 땅의 모습이다. 그래서 땅 폭락은 없는 거다.

아파트의 경우는 가격의 종류가 땅처럼 다양하지 않아 폭락의 기미와 현상이 빌어진다. 사주 말이나. 선설사서 성해신다. 출품하기 전에 이미 정찰제처럼 정한다.

반값아파트라는 말은 들어 봤겠지만 반값 땅이라는 단어는 생소할 터.

🟢 부동산의 신분 길 따라 바뀐다

부동산 팔자 길 따라 달라진다. 그 길엔 철로와 도로가 꼭 포함되어진다. 철로는 경춘선을 필두로 여러 사람들을 이동시키는 효과노릇을 하고 있다. 중앙선과 경의선도 사람들의 활동영역을 넓히는 역할을 단단히 하고 있다.

경원선도 마찬가지.

특히, 경원선과 경의선의 역할은 단단하다. 북쪽지역에 관한 군사시설의 이미지가 변하고 있다. 규제 사슬 속에 묶여 있다는 고정관념을 타파시킨 공로가 크다.

지하철 1호선(양주, 동두천~천안, 아산)과 그 선과 연결되는 인천지하철 1호선(일명 '인천메트로')의 역할도 무시할 수 없을 정도로 크다. 인천광역시 인구급증(유동 및 고정)의 한 요인이다.

이러한 결과물은, 결실은 수도권(서울+인천광역시+경기도)을 더 크게 만드는 역할을 하는 것이다.

도로는 고속도로가 모든 길을 대변한다. 마치 바다처럼.

바다는 모든 물을 대변한다. 바다는 강, 호수, 계곡 등의 물과 연계된다. 고속도로는 각종 크고 작은 길 즉, 국도와 지방도, 시도, 군도 등과 연계되는 것이다.

고속도로의 나들목과 분기점의 존재는 또 다른 길과의 연계를 의미하는 것이다. 원활한 소통을 의미한다.

• 철로의 장점 – 시간 단축의 매력을 지닌 채 통행료는 없다.
• 도로의 단점 – 고속도로는 저속도로. 그런데도 저속통행료를 꼬박꼬박 받아 챙기는 상황이다.

도로는 많다. 철로보다 많은 수를 확보하고 있다. 농로가 각양각색의 모양으로 사람들에게 보여주고 있다. 철로는 유령역과 간이역도 역세권이라고 큰 소리 치는 게 현실이다.

중앙선과 경춘선의 일부는 아직 간이역 수준서 그다지 멀지 않다. 물론, 발전의 경로는 눈에 보인다. 잠재력은 보인다. 서울과 연계되는 모양을 눈으로 직접 목격할 수 있으니 말이다. 접근성이 능사는 아닌 경우도 있지만 반복적으로 희망을 저울질한다.

기존 역세권도 괜찮은 미래를 읽을 수 있지만 앞으로 생길, 지금 한창 공사에 여념이 없는 지역도 굳이 그냥 지나쳐 버릴 필요까지는 없다고 본다.

경기 광주와 여주, 이천의 역사는 바뀐다. 바뀔 것이다. 31개 경기도 지자체서 상대적으로 푸대접을 받고 있는 이들 세 지역은 도자기도시의 이미지가 강해 문화재 보호구역에 관한 보호 즉, 규제 아닌 규제의 의심을 받아 온 게 사실이다.

이러한 가운데 복선전철(여주~성남 간 여주선)이 생기는 2015년 즈음, 영동과 중부고속도로 이상의 수요기 넘쳐날 깃으로 보인다. 왜? 강남과의 연계성을 무시할 수 없기 때문이다.

결과적으로 수적 열세에도 불구하고 철로의 힘은 도로의 힘을 눌러버린다. 길이 자체로만 본다면 철로가 훨씬 짧지만 경제적 효력과 잠재성은 크다. 넓다. 광범위하다.

하늘 길(공항)과 비교하면 상대도 안 된다. 사고가 잦아 문제점이 조금 발생하는 KTX는 철로의 새 역사를 쓰고 있다. 경제적 효력이 배가가 된다는 말이다.

'준경제활동인구'(비경제활동인구이면서 경제활동인구에 속한 처지. 연령대로 보아 분명, 경제활동인구이지만 학생 신분이다) 중엔 대학생들도 포함된다. 지방의 우수한 인재가 서울 명문대를 접근한다. KTX의 역할에 의해서다.

엄마가 해준 밥 먹으며 공부한다.

서울인구가 폭증 중이다. 인구유입이 수월하니 그런 것이다. 경제활동인구와 대학생 수요(우리와 부동산 습성이 비등한 일본의 대학진학률은 40%, 우리는 많이 줄었다지만 여전히 80% 안팎을 유지한다)의 역할이 지배적이다.

■ 결론

도로와 철로. 그 중 철로의 중요성은 도로의 역할보다 크다. 그 활용범위서 발생, 발견되어진다.

● 토지답사 하는 이유

여행 삼아 토지 답사 하는 분은 아마 없을 것이다. 토지답사 하는 이유는 분명하다. 이론만으로는 발견할 수 없는, 부족한 땅에 관한 현장감을 알자는 취지가 지대하다. 이론공부만으로는 도저히 투자전선에 뛰어들 수가 없다.

토지답사 하고나면 투자전선에 뛰어들 확률이 높아진다.

백화점이나 대형마트의 시식코너(무료)가 존재하는 이유가 무엇인가. 아이쇼핑서 머물지 않게 하기 위함이 아니겠는가. 관망과 눈치작전에 신경 곤두세우지 말지어다. 시식코너를 마련하면 매출이 20% 증가한다.

토지답사(무료) 하면 이론공부만 한 경우와 비교가 안 될 정도로 진보되어 투자의 확률이 높다. 즉, 실행에 옮길 확률이 높다는 것이다. 머리와 입에서만 머물던 투자의 의식이 적극적으로 변화를 불러일으키는 것이다. 이론공부(강좌 듣고 책으로 공부하는 행동, 인터넷으로 공부하는 행동)만 반복적으로 계속하면 제자리서 맴도는 일만 남는다. 투자 심리 자극만 반복한다. 이행을 못한다. 체험의 중요성은 아무리 강조해도 모자란다.

백화점 시식행위 = 맛보고 산다

토지답사 행위 = 느낀 후 산다

토지답사는 투자를 전제조건으로 한다. 그렇지 않는다면 답사의 행태가 수박 겉핥기식으로 변질될 수 있다.

기획부동산에서 투자자에게 토지답사 시 가계약 명목으로 100만원 혹은 그 이상의 돈을 받고 답사를 진행하는 데 이것은 잘못된 관행이다. 투자자에게 부담을 쥐어주는 것이기 때문이다. 투자는 어떠한 경우라도 투자자가 부담감을 가지면 안 된다. 부담을 갖는다면 투자의 실패율이 높다.

투자자 자신이 결정권이 있기 때문에 편안한 맘을 가지고 투자전선에 한 발 한 발 접근해야 하는 것이다.

업자가 계속 투자를 하라고 종용하면 역시 부담감이 배가가 된다.

토지답사는 투자를 전제조건으로 하는 것이기 때문에 굳이 투자를 종용하지 않아도 된다.

🟢 관광지 투자와 역세권 투자의 차이

관광지 투자와 역세권 투자의 특질을 잘 둘러보아야 차후, 낭패 따위를 면할 수 있다.

성향이 사뭇 다르니 말이다.

■ 관광지 투자

• 작은 장점 – 소액으로 움직일 수 있다. 대부분 오지를 개발하니 그런 것이다. 주로 전남이나 강원지역에 밀집되어 개발이 진행 중에 있다. 따라서 어쩔 수 없이 접근성이 뒤떨어지는 곳을 선정할 수밖에 없다. 그럴 확률이 높다. 소액장기투자의 목적을 가지고 움직이는 게 안전하다고 말 할 수가 있겠다.

• 단점 – 장기 혹은 실수요목적이 되어야 비교적 안정적이라 할 수 있겠다. 현장이 환상적이라 잠시 착각, 착시현상이 일어날 수도 있다. 묻지 마 투자를 할 수 있는 법. 국립해상공원 인근은 너무나 아름다워 묻지 마 투자전선에 뛰어들 가능성이 어느 곳보다 높다. 크다.

■ 역세권 투자

• 장점 – 단기성 투자. 현장감이 환상적인 관광지와 달리, 현장의 모습은 지극히 현실적이라 환금화가 빠를 수밖에 없다. 유동인구가 몰리는 관광지와 달리 주거인구인 고정인구가 몰려 안정감이 든다.

• 단점 – 거액으로 움직인다. 역세권의 특징은 거품가격의 형성인 것이다. 여느 지역이건 역세권이 예정되는 순간부터(개발계획의 발표) 거품이 일

기 시작해 최종 마무리될 때까지 거품가격에 시달리게 된다. 이미 형성된 가격의 거품은 장기간 안 빠진다.

관광지 개발 사업은 주체가 주로 중소건설업체가 된다. 대기업은 손 안 댄다. 오지개발을 한다. 주민입장에선 반길 만한 일이나 개발진행이 수월할 수도 있지만 마무리가 문제이다. 아름다운 관광지를 개발하면서 유종의 미를 거둘 확률이 낮은 이유는 개발비용에 문제점이 드러나기 때문이다. 거의 민간자본으로 움직이다 보니 그런 것이다.

반면, 역세권 개발지역은 기의 국책사업으로 이루어신다. 색깔이 변할지라도 백지화 되는 경우는 거의 없다. 이동수단으로서의 철도의 인기도를 가늠할 수가 있다.

결국, 관광지개발은 해도 그만 안 해도 그만이라는 의식이 강하나, 역세권 개발은 꼭 필요할 가능성이 높다 할 수 있는 것이다.

■ 사진과 그림의 차이

사진을 보통, 그림 대비 '진실의 기록'이라고 한다. 그림은 삼성과 감정의 기록이라고 한다.

기복이 심한 그림에 비해 사진은 실상, 현실이라 지극히 사실적인 묘사를 고집한다.

이와 같은 견지서, 사진을 역세권 개발청사진으로 보고, 그림을 관광지 개발모습이라 할 수 있겠다.

역세권 개발은 공정성과 투명성이 확보되어 미래가늠이 수월하나, 관광지 개발은 그와 다른 면을 지닌다. 관광지의 개발은 별장 수위를 겸하기 때문이다. 자칫 부자의 전유물로 자리매김 할 수도 있다고 본다.

역세권 이용은 광범위하다. 어느 누구도 저렴한 이용료로 상용이 가능하다.

그러나 관광위락단지 내의 설치물, 시설물의 입장은 다르다.

골프장에 입장을 자유롭게 할 수 있는 것은 소시민 입장에선 버겁다. 골프는 축구처럼 대중스포츠가 될 수 없다. 비용 면에서 만만치 않다. 골프공이 축구공보다 작지만 말이다.

골프공은 작지만 단단하다. 골프공에 잘못 맞으면 사망까지 할 수 있다.

• 관광지 개발 – 비공개 위주의 개발이 진행된다. 비교적 투명하지 않다. 중소건설업체 입장에서는 광고와 홍보마케팅에 들일 비용은 만만치 않은 부담이다.
• 역세권 개발 – 공개한다. 아니, 계몽수준이다. 국세로 홍보할 정도이다.

역세권 개발은 수용여부에 아주 예민하다. 관광지 개발은 수용 대상서 멀다 볼 수 있다. 체육시설 등에 한해 수용이 가능하다(단, 골프장은 체육시설에 미포함. 안성지역의 모 골프장 불법용도변환 사건이 일어나면서 불거진 사안)

🟢 역세권 미개통지역의 미래?

지하철1호선이나 경춘선 등의 중간 중간에 구멍이, 틈이나 있다. 구간 중간에 구멍이 뚫린 것. 미개통역을 말하고자 하는 것이다.

지하철이 신설되면서 꼭(?) 미개통역이 동반된다. 일단은 타당성의 문제 때문일 게다. 고심 중이다. 지금 오픈하면 위험하지 않을까. 여론이 무섭다. 급히 개통해 적자가 클 가능성도 배제하기 힘들다.

1호선이나 경춘선, 9호선 중간 중간에 미개통역세권 지역이 있다는 것은 잠재성을 조금은 안고 있다는 뜻이다. 그렇게 판단된다. 역 폐쇄라는 극단적인 방법을 쓰지 않을 거나. 단시, 시산이 상기간으로 흐를 수 있다는 게 큰 우려.

1호선의 경우는 역명조차 오픈하지 않은 상황이나, 그곳에 투자를 하려고 맘먹는 자 많다.

미개통은 곧 개봉박두, 개통임박을 뜻하는 것이니까.

'미개통 역세권의 투자시기와 가치 = 무릎 이상이다'

안전성 확보는 80% 이상이라 본다. 왜? 개통이 되고 나면 폭등의 기미가, 조짐이 보일 테니 말이다. 분당선의 이매역의 경우가 그 좋은 실례가 될 것이다.

언론에 배드뉴스로 자주 오르내리는 9호선 마곡나루역도 희망을 저버릴 필요 없다. 3년째 방치되어 있다고 해서 영원히 방치 되어 있지 않을 것이다. 부동산의 큰 특징을 믿고자 하기 때문이다. 연계성과 연결성은 도미노현상의 다른 말.

예를 들자면, 갑이라는 아파트가 평당 1천만 원 상승하였다 치자, 옆에 을이라는 상가건물은 오르면 올랐지, 절대 떨어지는 악영향은 없다.

마곡나루역의 앞날은 옆의 마곡역(5호선)의 역할에 거의 달렸다 해도 과언이 아니다. 역세권 미개통지역은 안정적인 곳의 역세권 투자처로 인정하고자 하는 이유가 여기에 있는 것이다.

문제는, 투자처를 정할 때 소액 장기투자처로 인지를 하여야 하는 것. 역세권인데 왜 소액이냐고 질문을 할 것이다.

• 소액의 이유 – 방치기간이 불안전하니까 그렇다. 그러면서 자연스럽게 장기전으로 돌입하는 것이다. 소액장기투자처로 역세권 미개통지역을 추천한다.

개통지역의 역세권 모습과 달리 거품이 들어가기 전의 모습이다.

■ 미개통역을 고무적으로 보는 이유

수도권의 불패신화를 믿고 있기 때문. 지방과 달리, 수도권의 인구가 여전히, 끊임없이 급증하고 있기 때문이다.

9호선 미개통구간은 신논현역 다음 정거장들. 역명은 아직 정하지 않은 상황이다.

강남불패 신화를 생각하는 사람들은 강남3구의 도발성에 많은 기대를 하는 중이다. 접근성이 대한민국서 최고요, 도로망 또한 최고라 자부한다. 도시계획상으로 움직인 흔적이 강남 곳곳서 발견된다. 현실적으로,

기존 강남권과의 인접성을 따라갈 개발재료는 없다고 아직은 보는 것.

9호선 올림픽공원역은 환승역이 되면서 가뜩이나 비싼 올림픽공원의 아파트가 거품의 온상으로 다시금 돌변할 지도 모를 일이다. 이미 고시 즈음, 미동을 시작했었다.

🟢 개발지의 척도, 가늠자

개발지의 척도, 가늠자는 의외로 간단하게 찾을 수 있다. 개발면적과 개발기간, 그리고 사업비용을 보면 가늠 가능하다. 현실감을 찾아낸다.

개발지역의 개발척도도 저울질해야 하고, 개발의 척도도 상세히 찾아 야 한다. 개발의 필요성은 개발의 진척도와 진행성적표와 비례, 연관 지 어진다. 지나치게 넓은 개발면적은 개발기간을 지루하게 만들 우려를 낳 는다. 개발규모가 커 개발기간은 연장될 수 있다. 개발면적이 크다는 것 은 개발비용이 만만치 않다는 뜻. 개발비용은 국비가 비교적 안전하나, 민간자본은 좀 불안하다.

'대형 개발프로젝트' ' 르네상스' 등은 크고 견고한 미사여구를 총동원 한 대명사, 거대공룡사업의 표상이다.

예) J프로젝트, S프로젝트, 한강르네상스사업 = 필수 개발사항이 아니 라 도중하차도 한다

국가와 지자체의 개발행위 중 관광지개발의 필요성에 많은 의심이 간다. 여론이 거세다. 사치성 개발행위에 들일 돈은 민생고에 고통 받는 민생사각지대로 흡수되어져야 한다는 것이다. 복지에 쓰일 돈이 관광지 개발 사업비라면 문제다.

65세 이상의 비경제활동인구에 관한 따뜻한 관심과 배려가 없는 한 관광지 개발사업의 필요성은 깊고 거센 갑론을박의 대상이 될 것이다.

관광 개발 사업은 복지사업에 순서상 밀릴 수밖에 없는 게 100세 시대를 앞둔 현실이다.

물론, 복지가 관광이 될 수도 있다. 복지 명목의 관광 사업은 막을 필요 없다.

🟢 공무원의 시원치 않은 대답의 의미는?

땅 투자 전엔 절대 업자를 맹신하면 안 된다. 맹신하는 순간부터 불안감은 엄습할 것이다. 해당지자체에 기대하여야 한다.

지방자치제도의 의미와 지방분권화 시대의 정의가 무엇인가.

민원인인 국민과 공무원(지자체)이 윈-윈, 커뮤니케이션 하는 것 아니랴. 업자가 강하게 주장하는 개발소식이 거짓인지 아니면, 진실인지를 판가름 낼 수 있는 곳이 어디겠는가.

개발사항을 물으러 해당 지자체에 방문하여 실망하는 경우도 있다. 공무원의 시원치 않은 대답의 의미를 알아야 한다.

'불안한, 미확정 개발사항을 공무원에게 질문하는 경우

= 뚱뚱한 여자에게 체중 묻는 경우'

알려줄 리 만무하다. 서로 잘 아는 사이라도 안 알려줄 게다.

확고부동한 공무원의 대답이 개발에 관한 정답이라고 인식하면 된다. 자신 없는 목소리의 공무원의 대답은 개발에 관한 진행사항이 흐지부지 될 가능성이 높다는 증표이다. 오지의 지자체일수록 공무원의 목소리가 높을 수 있지만 상세하게 알려주는 공무원을 만나보도록 하자.

공인중개사 수십 명을 만나느니 차라리 공무원 한 명을 만나는 게 훨씬 낫다. 업자도 공무원을 통해 개발소식을 상세하게 들을 수밖에 없기 때문이다. 한 발 앞서 개발이슈를 듣고자 한다면 공무원을 먼저 선택하는 것이 좋겠다.

개발에 관한 소식을 공인중개사 등 업자에게 묻는 행위는 위험한 행동이다. 개발소식이 와전되어 패착을 두는 경우가 다반사이기 때문이다.

● 부동산 구입 전에 살펴봐야 할 세 가지

부동산 사기 전에 세 가지를 살펴본다.

'전체'와 '부분', 그리고 '숨은 그림'을 찾는다.

부동산에 관한 전체는 난무, 난립 중이다. 국책사업과 지자체 사업이 그것. 기준선이 없다보니 기준점 찾기도 벅차다.

동남권신공항 백지화 사건과, 전국 700여개 뉴타운 개발 중 착공조차 하지 못한 지역이 80% 이상이라는 것 하나만 보더라도 기준이 없다고 본다.

가해자에 관한 처벌조항이 없다보니 대형공약이 난발하는 것이다.

이처럼 부동산의 전체를 읽지 못한다면 투자전선서 큰 실망감을 감출 수 없다. 나와 주위 사람들을 힘들게 만든다. 마치, 암환자가 발생해 자신과 내 주위사람을 힘들게 하는 것처럼 말이다. 금전적으로나, 정신적으로나 많은 손해가 발생한다.

오히려, 부동산의 전체보단 부동산의 부분만 접근해 잘 살피는 편이 낫다고 본다. 물론, 전체를 보는 것보다 힘들다. 대단한 분석력과 결정, 결집력이 요구되니 말이다.

토지에 관한 이용, 활용도를 분석하는 일은 토지의 이동 즉, 토지의 가치를 변화무쌍하게 만드는 것. 다시 말해, 내 부동산의 가격을 올리는 거다.

부동산의 전체와 부분엔 꼭 숨은 그림이 상존한다. 숨은 그림은 베일에 깊게 싸인 크고 작은 개발청사진이다. 정밀한 정보를 의미한다. 부정확한 정보는 숨은 그림이 아니다. 부정확한 정보는 숨을 이유가 없기 때문이다. 인터넷이나 각종 사이트, 신문 등은 정보라기 보단 단면적인 소식통 역할만 할 뿐이다. 일종의 커뮤니티 공간이라 할 수가 있겠다.

일종의 전령사, 전서구라고나 할까. 나에게 오면서 변색, 변질된다. 1998년 즉, 20세기 신문을 지금 읽고 있는 모양새다.

결국은, 부동산의 전체와 부분을 알면서 숨은 그림을 찾기에 이른다는 것이다. 각자 나름의 숨은 그림을 찾는 방도와 철학을 간직하고 있다는 것은 부동산 투자의 성공의 지름길을 확보한 상태라 볼 수 있다.

● 놀고 있는 땅은 병든 땅과 매일반

전국을 답사+순회하다보면, 우리나라에 맹지가 참 많다는 걸 마구 발견할 수 있다.

맹지뿐이랴. 밀림지대서나 볼 수 있는 깊고 가파른 산들도 참 많다. 문제는, 직무유기 중인 땅이 수두룩하다는 점이다. 농지는 농지 노릇을 해야 하건만, 소유자는 어디 있는지 보이지 않은 가운데서 땅은 보기 좋게 장기휴식 중이거나 요양 중이다. 놀고 있는 땅은 병든 땅이라 본다.

땅의 좋고 나쁨은 시각적으로 감지 할 수 있지만 후각적으로도 판별할 수 있다. 냄새로 판단한다.

거름(퇴비, 두엄) 냄새가 나는 땅은 휴한지가 아닌, 일을 하고 있는 땅이다. 지주의 힘에 의해 움직이는 중이다. 그렇기 때문에 생동감이 넘치는 땅으로 일단 인지해도 상관없다.

반면, 자연의 체취가 물씬 풍기는, 느껴지는 땅은 규제 속에서 놀고 있는 땅으로 인지해야할 것이다. 지나치게 맑은 물엔 고기가 안 산다는 말을 오해하지 말자.

실제, 고기는 사람을 의미하는 것이다.

자연을 무단침입한 인간에겐 가혹한 처벌을 내린다.

● 인구감소 하는 오지지역의 문제점

강원일부와 전남일부의 오지지역을 보면, 큰 특징을 만나 볼 수 있다. 비경제활동인구의 급증현상을 현장서 맞닥뜨린다. 노인인구가 늘고 있는 가운데 어린이 얼굴 보기는 참 힘들다.

어린이를 비경제활동인구라고 하지 않는 경우는 무슨 경우인지 모르겠다. 미래의 새싹과 과거의 새싹(왕년의 비경제활동인구 아니, 경제활동인구)의 차별화가 너무 심한 거 아닌가.

노인 학대를 다른 방법으로 하고 있는 것이다. 도시의 여러 방면의 은퇴자들의 귀농과 귀촌현상도 무시할 수 없다. 노년(여생)을 오지서 보내려 애쓴다.

5만 명 이하의 인구가 불안하게 유지되는 오지지역. 그곳엔 여지없이 비경제활동인구가 '활동'을 안 하고 있다(그냥 기거 중이다. 존재의 가치만 외부에 미약하나마 알린다). 아니, 활동공간이 없어 활동 못하는 게 현실이다. 5만 명 이하의 오지지역의 인구가 대부분 비경제활동인구로 구성되어 있다는 사실이 더 큰 우려를 낳는다.

주위가 온통 깊고 가파른 산과 드넓은 평야로 이루어졌을 뿐만 아니라 산업단지가 태부족하니 경제활동인구의 존재성을 무시당한 모양새다.

내 생각엔, 지방의 인구 5만 명 이하의 오지지역을 몇몇이 만나 통합하는 게 바람직하지 않나 여겨진다. 인구 3만 명의 지자체와 6만 명의 지자체 둘이 만나면 거의 10만 명이 되지 않는가. 힘을 키울 수 있다. 시승격도 바라볼 수 있다. 덩어리가 커지는 지자체엔 당연히 편익시설이 들어올 게 분명하다.

과거, 은행들이 어려움에 봉착하였을 때 빅딜을 통해 재기에 성공하지 않았는가.

시와 시, 시와 군이 통합하는 일 말고 말이다. 같은 형편의 지자체(군+

군 단위)가 의기투합을 하면 손해 보는 쪽(지자체) 없어 행정통합 절차에 무리가 없을 것이다. 한쪽으로 기울어지는 행정통합엔 항시 손해를 보는 쪽이 있는 법. 안 좋은 시설들이 등급이 떨어지는 지자체로 몰린다는 소문이 자자하다.

시와 시끼리 통합을 하면서 반기 드는 현상이 벌어지는데 하물며 시와 군이 통합을 한다면 당연히 반기 드는 자들이 아우성을 칠 것이다.

오지와 오지의 의기상투를 기대하는 이유다. 과부의 맘은 과부가 잘 안다.

● 위험수위를 가로지르는 개발이슈

겉으로는 아주 화려한 모습의 개발재료에도 함정은 숨어 있다. 부동산의 함정은 내면에 보통 상존, 기생하는 법. 결코, 투명하지 않아 좀처럼 초보자 눈에선 발견하기 힘들다. 매도자나 중개업자가 함정이나 맹점을 쉽게 오픈해 주리라는 기대는 애초부터 안 하는 게 좋을 듯싶다.

힐 수 없이 매수자인 내가 결정적인 결점을 찾아내는 수밖에 달리 방도는 없다. 좀 양심적이다 싶은 부동산 업자는 잘 알려주겠지만 말이다.

사람, 겉만 봐선 인간성과 본심을 찾아내기 힘들듯 부동산, 땅 역시 예외는 아니다. 화려한 외모에 비해 안은 형편없을 수 있다. 겉으로는 땅으로서 매력이 있어 보이지만 차후, 용도가 변환되면서 건축물 등이 들어서면서 문제점이 노출된다. 본성이 드러난다.

예컨대, 아파트(오지에 근접하던 田이나 낮은 임야가 제3종 일반주거지역으로 전격 신분상승!)가 들어서면서 부동산의 신분이 바뀐다. 화려한 겉모습과 달리 내부적으로 내분이, 문제가 생기기도 한다. 아파트 자체인 하드웨어의 이동(증축행위 등)도 힘든데 아파트 주위의 행동반경(재건축행위 등)은 어떻겠는가. 개인적, 개별적으로 반응하기가 만만치 않다.

위험한 개발이슈들은 미래를 불안하게 만든다.

① 내 땅 앞에 국제공항 혹은 국내공항이 들어선다.

겉으로는 화려한 개발 같지만 치명적인 약점이 차후에 나타난다. 고도제한이 생기면서 건축에 강한 제한이 들어 관청서 개인의 재산권에 감 놔라, 대추 놔라, 간섭과 신경전을 대대적으로 벌인다. 대립의 과정이 복잡다단하다.

땅 매입은 미래를 보고 하는 것 아닌가.

그런데 미래가 이렇게 불안해서야 어디 땅을 사겠는가.

공항이 들어오는 지금은 괜찮다지만 차후에 공작물(건물이나 교량, 터널, 철탑 따위)이 들어서면서 부동산, 땅의 운명은 달라진다. 건축물이 들어서면 입주가 시작된다. 입주민은 시름에 잠기기 시작한다. 소음과 매연 속에 매일 씨름을 하여야 하고 관청과 입씨름도 한바탕 해야 한다. 법을 상대로 소송도 해야 할 터. 이루 말 할 수 없는 고통의 나날을 보낼 것이다. 덩달아 부동산의 가치도 부도나는 것이다.

② 내 땅 앞에 고속도로가 생기고 내 땅 앞에 나들목이 생긴다.

마찬가지로, 지금의 모습(땅=하드웨어)은 괜찮다. 먼 미래가 지극히 희망적일 것 같다. 그러나 차후에 건축물(용도전환 시)이 들어서면 소음과 매연(공해) 속에 괴로움을 당할 터이다. 부동산 가치도 떨어져 애초 가졌던 희망의 불꽃은 절망의 나락으로 전격 바뀐다. 소음과 매연은 부동산의 가격과 가치, 둘 다 몹쓸 것으로 만들 뿐 아니라 인간의 정신과 육체도 망가뜨려 놓는다.

③ 큰 도로에 접한 내 땅

정부와 지자체서 공익사업(공익사업법. 공익사업을 위한 토지 등의 취득 및 보상에 관한 법률)을 한답시고 일방적으로 개발을 하면서 내 땅을 공시지가로 수용한다. 한 평생 잘 살던 부동산, 땅의 일생을 망쳐놓는다. 덩달아 부동산 주인도 큰 절망 속에 충격 받는다.

④ 접도구역

모양새가 흘룽해 보이는 큰 도로이지만 토지이용계획상 집도구역이라면 유명무실한 처지+환경이다. 사람으로 치면 다리 하나 없는 꼴. 아니, 팔다리 다 없는 격이다.

접도구역이라는 규제는 큰 도로와 일정한 간격 내서 원형보전의 법칙을 수호해야만 하는 것. 내 재산을 내 의지대로 이용, 활용할 수 없는 지경이다. 내 팔을, 내 다리를 내 맘대로 활용할 수 없는 노릇과 같다.

개발 뒤에 숨어 있는 함정을 찾는 일은 매수자인 나의 몫이다. 누가 알아서 찾아줄 것이라는 착각은 하지 말아야 한다. 착각은 곧 실패이다.

● 잘못된 만남, 궁합

도시건 시골이건 잘못된 만남을 본다. 사람이 아닌, 부동산 얘기다.

인연이 서로 아닌 것 같은 부동산을 말하는 것. 부동산끼리 도저히 어울리지 않은 상황을 자주 목격한다. 물과 기름 사이라는 인식이 다분하다.

굳이 예를 찾자면, 초등학교와 모텔의 공존! 누가 봐도, 냄새가 나는 광경이다.

군사시설과 학교시설의 공존 역시 불안한 관계, 불편한 관계이다. 교육이 일방적이지 않을까 하는 우려가 크게 든다.

낚시금지구역(상수원보호구역 내의)과 낚시가게의 공존. 이 역시 불안한 관계처럼 보이지 않을 수 없는 광경이다.

구청과 접한 곳의 집단화를 이루는 모텔들도 마찬가지의 수위.

모텔촌과 동조하는 모습의 대형나이트클럽, 그리고 기업형 안마시술소도 무리수다. 도심 속 깊숙이 파고들고 있는 부동산들이다. 주택가와 그리 멀지 않다. 마치 쓰나미처럼 우리 곁을 파고든다.

강남지역의 어디는, 5층 건물 전체가 모텔전문건물이다. 모텔명은 호텔명으로 대체해놓아 마치 호텔인 양 자리를 당당히 크고, 넓게 독차지하고 있었다. 최소형 손바닥으로 초대형 CCTV인 하늘을 가리는 격이요, 눈 가리고 야옹하는 꼴이다.

더욱더 가관인 것은 5층짜리 건물 전체가 룸살롱으로 도배되어진 곳도 있다.

아무리 넓은 맘으로 생각을 해보아도 이해가 안 되는 대목이다.

개척교회가 건물 지어 임대하는 모습도 마찬가지로 이해가 안 되는 부분이다. 특히, 술집 임대의 모습, 보기 흉측하다. 교회 건물은 악용의 대상물이 절대 아니다. 물론, 양심적인 교회도 많다.

잘못된 만남은 사람이건 부동산이건 빨리 헤어지는 것이 순리요, 기본이다.

기분 좋게 기본을 고수하는 세상이 되어야 하지 않을까.

분명한 사실은, 잘못된 만남이 차후, 확실히 밝혀진다면 원상복구 해야한다는 것이다. 편법과 탈법을 악용해 돈 왕창 벌려다 돈 왕창 나갈 경우를 생각해서라도 공법을 고수하는 진정한 고수가 되어야겠다. (원상)복구 비용이란, 불법건축물을 철거한 후 공법을 기본대로 수호한 후 건축(=신축행위)을 하는 것이다. 따라서 비용 면에서 엄청 많이 들 수가 있는 것이다. 최종적으로 부동산 통해 경제적 손실을 이만저만 입는 것이 아니다.

남다른 꼼수는 오래가지 못한다. 꼼수를 쓰지 말자! 꼼수는 단명이다. 수명이 길지 않다는 건 분명히 알아야 할 것이다.

🟢 착각하는 부동산이 늘고 있는 이유

부동산 경기가 불경기란 말은 거래량이 미약하다는 뜻 일게다.

3.22, 5.1(이상 2011년), 5.10(2012년) 부동산 정책 등 각종 정책을 난발하면서 거래량은 더 떨어진 상황이다. 이 와중에 착각하는 부동산이 난무

하고 있다. 이 역시 부동산 거래성적표를 F학점, 과락으로 만드는 원천이
되기도 한다.

가치와 가격의 관계, 유착을 알아야겠다. 잘 인지하자.

- **가치** – 환경적인 요소에 의해 결정된다. 변화무쌍한 변수에 의해 정해
  진다.
- **가격** – 인위적인 요소가 절대적으로 작용해 정해진다.

가치가 떨어지는 중인데도 부동산 주인은 가격을 올리려 들면 미거래
현상은 지속화 되어질 수밖에 없다. 부동산 주인의 착각이다. 이 착각의
악순환 현상은 부동산 미거래 현상을 야기, 지속화 시키는 재료이다. 분
석할 수 있는 분명한 자료인 것. 미분양의 존재감을 알리는 계기+동기
이다.

가치판단의 기준선(거시적+개괄적)과 기준점(미시적+세밀함)은 다 다르
다. 입장 차만 확인하는 경우가 많다. 부동산 판의 사는 자와 파는 자의
입장 차는 정치판의 영수회담 저리 가다 할 정도로 크다. 가격이 교만할
수밖에 없다는 것이다. 가치와 가격이 따로 따로 놀수록 착각하는 부동산
은 늘 수밖에 없다.

반복적인 착각현상은 부동산의 소강 및 관망세를 불러 장기 미거래 현
상을 불러일으킨다.

● 현장답사의 애로사항

기대가 큰 만큼 실망도 크다. 현장답사를 처음 하는 분의 공통된 관념이다. 브리핑 경청한 후 그 땅에 관한 미래상을 너무 확대해석 하려는 경향이 없지 않아 있다. 미래상을 너무 깊고 크게 잡으면 곤란하다. 투자자건 브리핑 하는 자건 말이다.

가격거품도 심각한 문제점이지만 사람들의 가슴 속에 든 지나친 감정과 희망, 큰 기대도 문제다. 현실감 잃은 무지갯빛 청사진을 말하는 것이다.

현실과 이론은 다르다. 동남권신공항 사례에서 보지 않았는가. 무리가 뒤따르는 희망은 절망 버금간다. 미래를 크게 애써 해석하는 습관을 당장 버리자.

일단 지자체를 믿고 움직이는 습관이 필요하다. 그건 현실에 분명 접근하는 것이니까 말이다. 지방자치제도를 시행하고 있는 이 시점에서 그 제도를 악용하려는 맘을 접고 선용, 활용하고자 하는 의지를 갖도록 하자. 미래를 과대포장 하는 짓을 해당 지자체서 알면 큰 코 다친다.

내가 투자하고자 하는 해낭시역과 그 지자제의 상기 발선과, 나의 투자목적이 잘 맞아떨어지면 금상첨화이다. 대의명분이 있어 지자체서도 환영할 것이다. 나만의 이익(수익)보단 지자체의 이익을 먼저 대변할 수 있는 여유가 크나큰 개인 능력이라고 본다. 지자체와 나와는 원사이드한 관계가 아닌, 윈-윈 관계이다. 이것이 지방분권화+지방자치제도가 원하는 의지요, 정의인 것이다.

현장답사 전에 자세(뜻)를 자신이 잘 잡아야 한다. 그 누구도 잡아주지 않는다. 자신만이 갖고자 하는 주관은 현실에로의 근접함이다.

답사의 목적을 제대로 안다는 의미는, 현장 잘 읽기요, 그 땅의 미래를 좀 더 가까이 느끼라는 주문이다. 이론공부만으로는 힘든 사항을 해결하기 위해 현장방문을 하는 것이다.

현장가기 전에 잘 알자. 인지하자.

건물이나 건부지 등 1차 공작물 따위를 보는 게 아닌, 각종 공작물(건물을 비롯한 다리와 철탑, 각종 부지=대지)을 끼고 있는 가운데 내 땅과 그 인근을 보는 것이다

■ 현장답사 시 볼 땅

변할 땅을 보는 것이지, 변하지 않을 땅을 보자는 것이 아니다.

증거자료와 화면이 필요하다.

예) 깃발 표식

논밭에 꽂혀 있는 빨간 깃발의 모습은 2차 토지보상 중이라는 표기+마크.

노란 깃발은 토지보상의 마무리 된 모습이다.

깃발 등은 개발의 간단한 예고+표식이다. 공사 예정인 상황.

공사를 대대적으로, 본격적으로 한다면 그 땅은 땅의 이미지서 탈피 중이다. 가격의 일생이 마감됨을 보게 된다. 사고 싶어도 못 산다.

1, 2기 신도시서도 많은 사람들이 겪은 사항이다.

부자가 되고자 한다면 타이밍, 때를 지키자.

🟢 금지된 투자류

'금지된 사랑'의 내용의 외화, 방화, 소설 등이 있다. 위험한 경고, 경각심을 크게 불러일으키고자 하는 취지가 지대하다.

'금지된 투자'에도 경각심이 부여된다.

① 묻지 마 투자행위 – 잘못된 투자문화가 큰 문제. 일시 중독된 현상이다.

　물어보기 식 투자(질문식) – 집중력이 뛰어난 상태다. 단, 우문 따위는 소모전. 우문을 낳이 하고 있다는 것은 내가 아직 투자를 할 시점이 아니라는 증거이다. 질문의, 궁금한 사항의 질에 따라 투자의 시점이 정해진다.

② 아파트 투자행위 – 이젠 아파트 전매시대는 정리되었다. 종결(결료)이다. 아파트 매입시대 즉, 아파트 실거주 시대에 돌입한 것이다. 아파트는 투자 상품, 투자종목이 아니다.

③ 큰 돈 대출 받아 경매 투자하는 행위 – 초단기 상품으로 인기 많았지만 이젠 초장기 투자 상품이 되고 있다. 환금화가 떨어지는 이유가 커서다. 부동산 가격이 안 오르기 때문에 그런 것.

　경매 상품도 아파트처럼 실수요 측면이 아주 강해지는 모양새이다.

④ 거품 잔뜩(권리금에) 든 상가 투자 – 예) 가든파이브

분양가를 훨씬 압도하는 권리금은 비정상적인 모양새.(택지지구 내 상

가용 택지에도 권리금 거품이 심하다)

상가 역시 투자 상품이 아니기 때문이다. 장사가 아주 잘되고 있는 데 가게를 내놓는 자가 과시 몇이겠는가. 장사가 잘 되면 이사 안 가고 그 자리에서 확장을 한다.

⑤ 전원주택 투자 – 시골 한적한 곳에 지은 단독주택이 전원주택이다. 투자가 아닌, 100% 실거주 개념으로 움직여야 한다.

⑥ 개발기간이 너무 길고 막대한 자본이 투여되는 대형 개발청사진을 지닌 관광지에 투자하는 행위 – 중간에 없던 일이 되는 경우가 비일비재하다. 개발사항이 중도하차 하는 경우가 많다.

예를 들어, 21세기 컨설팅이라는 업체서 발생한 사기사건은 우리에게 큰 충격으로 다가왔다. 관광지만 전문으로 분양해 투자자를 끌어들인 케이스다. 강원 정선, 평창, 경북 울진, 제주 등을 선점한 후 오지지역을 분양해 투자자를 끌어들였다.

⑦ 기획부동산에 투자하는 행위 – 살인적인 폭리의 마수에 걸려든다.

⑧ 소형 펜션단지 투자 – 강원 일부는 접근성이 많이 떨어져 장기간 방치된 상태의 사례가 비일비재하다. 유동인구가 별로 없기 때문에 펜션이 애물단지가 되고 있는 것이다.

⑨ 인구 5만 명 이하의 지자체 – 이곳은 100% 실수요+실거주 목적이어야 차후에 낭패를 면한다. 투자의 이슈거리를 좀체 만나기 힘들다. 설령, 화젯거리(개발재료)가 있다 해도 일시적인 이벤트성에 지나지 않는 경우가 많다.

'실수요 = 자경, 귀농생활'

'실수요 구입 목적 = 평수 넓어도 상관없음.

활용공간이 좁은 것보다 훨씬 좋으니 그런 것'

• 투자목적 – 평수 넓으면 차후 되팔기 곤란!

(∵ 매수예정자가 부담을 크게 느낀다. 매수금액이 올라간다. 높아진다. 개발의 장애요소도 문제)

● 투자한 후 더욱더 공부 열심히 해야 한다

입학은 공부의 시작의 기회이다. 졸업 역시 새로운 공부의 시작의 기회를 의미한다. 졸업하자마자 공부와 담벼락을 쌓는다면 미래가 그다지 밝지 않을 터. 인생 스트레스 만연할 것이다.

부동산 투자 전의 모습은, 부동산 공부의 시작의 기회다. 투자 시점 역시 공부의 기회. 새롭게 공부를 시작한다. 차후에 투자수익을 보기 위해서다. 되팔기 수월해야 하기 때문.

그러기 위해선 한 발 더 앞선 공부가 절실하다. 새로운 공부는 새로운 도약을 의미하며 공부를 할수록 지혜가 생겨 진도가 빠를뿐더러 질 또한 크게 도약한다. 높아진다.

땅 샀다고 해서 땅 공부 안 하면 안 된다. 내 땅 주위와 나머지 땅에 관한 공부도 게을리 하지 않는다. 반복적인 공부는 차후, 연구와 모색으로 발전한다. 고수의 길이 열리는 기회를 맞는 것이다.

예) 목포 땅을 매입했다 치자, 매입 이후의 목포에 대한 이해와 공부가 시작되어져야 한다.

목포 투자 전에 접한 목포 공부에 비해 더 강하고 넓게 공부한다. 그래야 차후, 되팔 때 자신감이 충만해 환금화에 큰 동력이 들어간다. 자연스럽게 수익률이 창출될 수 있다. 매수인을 향한 자신감은 수익으로 연결된다. 억지로 만든 자신감은 상대에게 들킬 수 있지만 꾸준한 공부를 한 경우는 다르다. 상대가 인정한다. 매수자가 인정하고 곧바로 계약서에 사인을 한다. 목포에 관한 정보와 토지이용에 대해서 국가원수 및 지자체단체장보다 더 많은 지식과 지혜를 보유했다면 환금화가 빠를 뿐만 아니라 가격도 제대로 받을 수 있을 것이다.

땅을 샀다면, 본격적인 땅 전문가의 진입로에 접어든 것이다. 매입 전보다 더 나은, 진일보 되어진 길(도로)을 걷게 되는 것이다. 땅과 인연 중이라면 말이다.

● 전원주택 급매물에 주의!

부동산 불경기가 장기간 이어지자, 각종 미사여구를 총동원해 매수자를 물색하고자 노력을 한다.

'급매물' '급급매물' '특급매물' 등등.

허나, 실상은 반대이다.

급매물의 특징은 가격의 저렴화를 상실한 상태가 대부분이라는 것. 문제는, 가격도 가격이려니와, 부동산의 강력한 특징의 상실이다.

양평은 중앙선이 개통하면서 전원주택 실수요자들이 많이 찾는 곳이 되었다. 그림 같은 집들이 너무도 많은 매물로 지상과 인터넷에 화려한 포장을 한 채 올라와 있다.

문제는, 나 홀로 외로운 전원주택이 많다는 것. 접근성이 많이 떨어진 곳을 싼 맛에(실제, 싸지 않은 경우 태반 이상) 매입을 해 다시 매물을 내놓는 경우가 많다.

필자에게도 되팔아 달라는 경우도 많다. 업자는 이미 사라져 나에게 전화문의를 한 것.

매수자, 매입자는 주위의 환경은 고려하지 않은 채 주의사항을 체크하지 않았다. 쇼쇼쇼에 농락당하거나 우롱 당하였다. 무인도 위에서 아름다운 자태를 유지하는 아방궁을 매입한 격이다.

대부분의 전원주택의 급매물은 위험하다고 본다. 접근성이 뛰어난 채 그림 같은 모형을 유지하는 전원주택은 급하게 내놓지 않아도 금세 매도가 되기 때문에 급매물 딱지, 표식을 안 한다.

전원주택은 단지형을 눈여겨봐야 한다. 기왕 매입하는 김에 큰 단지면 좋을 듯싶다. 땅콩, 타운하우스라는 주택도 이웃 때문에 매력 있는 거 아닌가.

나 홀로 전원주택은 귀신과 호흡하는 격이다.

가평의 어느 나 홀로 전원주택에 사는 연만한 부부는 뱀에 물려 큰 부상을 입었다. 업자의 상술(급매!)에 의거해 비싸게 금세 잔금을 치른 경우다.

전원주택을 짓거나 전원주택을 매입하건, 절대 서두르지 말고 접근성과 미래성을 함께 본다. 전원주택에 급매 운운하는 업자는 절대 믿지 말자. 하자를 스스로 밝히는 꼴 아니랴.

다시 한 번 강조한다. 그림 같은 집에만 집중하지 말고 도시와의 접근성을 눈여겨본다. 좀 비쌀지라도 근접도를 강하게 체크한다. 기존의 민가의 수도 무시할 수 없는 노릇.

폐가가 즐비하거나 공실률이 높은 민가촌이 있다면 안 가는 편이 낫다고 본다. 인근에 폐교가 눈이 띄면 안 가는 게 낫다. 인구가 급감하고 지역의 이미지가 많이 떨어진 상황이다.

시골에 단독주택이 상존, 공존하는 행태가 전원주택이라는 사실을 재사 인지하시길 바란다.

서울의 예를 들어보면 쉽게 이해할 터.

단독주택이 밀집되어 있는 지역에 빈집이 많다면 그곳의 미래는 뻔하다. 농가주택과 거의 비등한 특질을 지닌 전원주택은 시골로 옮겨 놓은 단독주택의 이미지서 크게 벗어난 경우이다. 농가주택 수위의 전원주택 은 절대 사지 말라고 강조하고 싶다. 우울증에 단단히 걸린 전원주택 때 문에 집주인마저 우울해지면 위험하다.

● 묻지 마 투자와 종교부지

점쟁이가 찍어준 땅 사기(매입행위), 사기에 근접할 수도 있다. 왜? 100% 묻지 마 투자이니 말이다. 신에게 물어본 후 고객에게 땅 살 지역 을 선정해주는 무당을 보았다. 전형적인 묻지 마 투자의 실례이다. 부동 산의 상황에 묻지 않고 점쟁이 1인에게 물으니 그런 것.

사람보고 투자하지 말고 부동산 보고 투자하라는 말이다

심지어 목사가 찍어준 땅을 서슴지 않고 사는 경우도 본다.

예) 기도원, 수양관 부지의 용도. 절터도 예외는 아니다.

종교용지는 'only 종교용' 이니 대단한 주의를 요한다.

경기 분당에 사는 김 모 씨(여, 60)는 주지스님과 보살이 추천한 곳(서 산)에 묻지마 투자를 해 지금까지도 묶인 상황. 또 다른 김 모 씨(여, 50) 역시 교회 목사의 추천으로, 땅 매입전선에 뛰어든 후 지금까지 묶인 상 태다. 각기 보유기간이 11년, 9년씩이나 된다.

땅에 관한 신의 계시는 무섭다.

종교용지는 '종교 관련인'에게만 통용되니 그런 것.

땅 사기 전에 목사에게, 부처님에게 묻는 어리석은 행동은 하지 말자.

순종 = 종교의 가장 강력한 이념

타당성서 부족하면 부도덕하고 불합리한 복종이 되고 만다.

차라리 종교부지보다 노유자 시설(아동시설과 노인시설. 각기 아동복리법과 노인복지법 적용)인 양로원이나 고아원 짓는 용도의 땅이 오히려 낫다고 판단된다. 특히, 실버타운, 양로원은 고아원보다 시급하게 늘려야 할 시설물이다. 빠른 고령화에, 최근엔 신고령화 시대를 맞을 참이니 말이다. 은퇴와 명퇴자의 나이가 점점 젊어지고 있다. 30년 일하고 50년 이상을 놀아야 하는 상황이 오고 있다. 100세 시대를 대비하는 삶이 강구되어야 한다. 조기 명퇴자가 급증하는 추세서 출현하는 신고령화 인구를 위한 현명한 대책이 강구되어야 한다.

세계 수위의 저출산율을 보이는 우리나라는 고아원보다 양로원의 수를 더 늘려야 할 판.

이보다 더 큰 이유는 없다고 본다.

그나마 고아원을 유지하는 재료는 세계1위의 이혼율과 별거율이다. 양육권 다툼서 벌어지는 상극, 촌극이 아닐 수 없다.

수출 강국(세계7위)에 국민소득 2만 불 이상의 시대를 맞고 있지만 고아원이 꾸준히 생기는 가장 큰 이유는 기하급수적으로 늘고 있는 이혼의 수 때문이다.

'교회와 절이 할 일 = 양로원+고아원(비경제활동인구) 부지 알선해주는 일'

부동산의 명치가 될 수 있다. 부동산의 다크호스가 충분히 될 수가 있다. 20~30년 후의 노유자 시설의 미래를, 잠재성을 말하는 것이다.

• 결혼시기, 투자시기, 공부시기 – 빠를수록 좋지만 연만한 분이라고 해서 포기할 수는 없다.

장수국가 반열에 든 우리나라지 않는가.

선진복지국가의 아르바이트생을 보면, 우리나라처럼 10대 안 쓴다. 70대 이상의 고령자를 아르바이트생으로 고용한다.

결혼과 투자, 그리고 공부가 때가 있다지만 '때'는 본인이, 내가 직접 만드는 것이다. 내 인생은 누가 대신 해결해 줄 수 없다. 국가가 해결해주지 못한다. 옆의 부모도 못해준다. 배우자도 못해준다.

결혼, 투자, 공부.

빠를수록 좋지만 연만한 분도 그다지 큰 상관없이 이행 가능한 것이다. 무리수 두지 않는다는 전제하에서 말이다. 그 판단엔 부모와 배우자의 동력, 조력이 필요하다.

결혼과 투자, 공부

• **공통점** – 돈이 든다. 사람을 잘 만나야 한다. 반려자와 컨설턴트, 그리고 선생님을 잘못 연 맺으면 이혼과 사기, 그리고 잦은 폭행과 폭언에 시달릴 수 있다.

🟢 재벌(부자)의 특징

재벌은 부자다. 부자는 재벌이다. 법칙과 규율을 뛰어넘을 정도의 힘을 보유하니 앞뒤 가릴 것 없다. 대기업을 감히 누가 건드릴 수 있나. 부지런히 일하는 사자의 코털은 절대 건드리지 못한다. 같은 사자이면 모를까.

우리나라 재벌의 도덕성은 '도둑성' 버금가지만(최근, 모 재벌회장이 공금을 횡령하였다. 돈으로 고가의 그림 등을 구입해 자신의 집에 전시하여 적발되었다) 가슴 한편으로는 부러운 자리를 잡는다. 그냥 지나치기 힘들다. '자유' 자본주의국가의 자존심이지 않을까 싶다.

부자의 특징은 많지만 힘을 가중시키는 요소가 상존한다.

주치의가 있다. 건강이 부의 원천이라는 관념이 강하다. 정신건강은 차치하고 육체적 건강을 유지하기 위해 주치의는 꼭 둔다. 사돈이 주치의인 경우도 있다. 부와 명예, 가난과 질병이란 말이 있잖은가. 병이 들면 가난해진다. 왜? 찾는 이가 없다. 친구가 점점 멀어진다. 병이 들어서다.

전용변호사가 있다. 고용한다. 도덕성 자랑을 억지로 한다. 전용세무사가 있다. 세금 줄이는 마술을 부린다. 우리나라의 건강보험료는 빨간색이다. 고소득자가 서민보다 보험료를 덜 내니 말이다. 이와 관련해 법을 개정한다고는 하지만 큰 기대는 안 된다.

전용 은행원이 존재한다. VIP대접과 MVP대접을 함께 받으며 에스코트를 철저히 받는다. 정보를 받고 있다. 은행이 망할 때 제일 먼저 선전포고 해준다.

전용공무원이 있다. 부동산과 관련된 활용도와 그 범위를 적재적소에 감지할 수 있는 힘을 비축해 둘 수가 있어 편하다. 아이러니 한 점은, 부동산 재테크는 직접 움직인다는 사실.

재벌치고 건설사 안 낀 경우가 지극히 드물다. 계열사라지만 조연이 아닌 주연 역할을 해왔다. 정경유착의 시발점도 만들었던 기억이 난다. 부자가 되기 전엔, 전용 공인중개사를 공인(인정)했고 샀다. 고용했었다. 부동산을 알고부터는 스스로 재테크 한다. 고수가 되었다. 중간마진을 그 누구보다 잘 아는 장사꾼이 재벌 아니랴. 중간마진으로 부유하게 된 부동산 부자가 아주 많은 것이다. 중개인에게 들어갈 수수료까지 계산한다. 생각한다. 두어 발 앞을 내다본다.

- 부동산의 실수란, 실패의 다른 말 – 연만한 분의 경우에 해당. 나이엔 장사 없다.

그러나 젊은 인생에서는 실수는 있어도 실패는 없다.

■ 젊어서 투자하는 게 유리한 점

실패를 회복할 시간이 넉넉하다. 시간이 많아서 보기 좋다. 실패와 실수를 손수 만회할 기회가 많아 보기 좋은 것. 부동산의 불가역성을 타파할 수 있다.

그렇지만 유의할 사항이 있다. 부동산 투자는 연습경기가 아니다. 부동산 경기는 연습경기가 될 수 없는 법이다. 경기 회복의 시간은 넉넉하지 않을 수 있다는 말이다.

길의 **종류**와 **생동감** ⑤

○ 부자와 빈자의 차이

• 부자는 투자하지만 빈자는 소비한다.

  – 부자들의 특징은 아주 지독스런 소비성향을 보유하고 있다는 점이다. 수전노가 따로 없다. 지극히 이해타산적인 성격을 지녔다. 조건 없이, 명목(목적+목표)없이 사회 기부하는 재벌 보았는가. 나는 아직 한 번도 보지 못했다. 면죄부성 사회기부현상을 목격할 수 있었지만 말이다.

• 부자는 신문을 보지만 빈자는 TV를 본다.

  – TV 중독, 특히 드라마에 중독되어 대화의 시간을 뺏긴다. 그 밖의 용도를 늑탈 당한다. 시간을 침탈 단단히 당한다.

• 부자는 조용하지만 빈자는 시끄럽다.

  – 빈 수레가 조용할 리 만무. 난거지든부자의 전형과 든거지난부자의

전형이다.

- 비경제활동인구와 경제활동인구의 특징 – 전자는 빈자의 모습이고 후
  자는 부자의 모양새.

  평생 은퇴라는 단어를 모르고 사는 부자와 달리, 빈자는 돈 왕창 벌고
그 돈으로 세계 일주를 꿈꾼다.

  평생 일하는 사람이 '사람'이라고 난 본다. 치매 걸리는 재벌이 있던가.

  은퇴하는 정치인이 없듯이 은퇴하는 경제인 없다. 간혹, 은퇴를 선언
하는 사람도 있으나 곧 은퇴를 번복한다. 은퇴를 취소한다.

  힘 있는 부자는 평생 일을 한다.

  오해의 소지 하나.

비경제활동인구 = 65세 이상

  65세 이상의 부자는 비경제활동인구가 아니다.

  가난은 죄가 아니나, 부자와 비교된다.

  담배의 소비(양)가 급격히 떨어진 가운데 복권 판매는 지난 몇 년 새
30% 이상 급증하는 현상이 벌어지고 있다. 벌금형에 약한 약소국의 국민
의 습성인가. 갈수록 금연구역이 넓어지면서 담배의 소비가 급격히 줄었
다. 대신 일확천금의 심성은 줄지 않은 가운데 있다. 단번에 큰 수확을 노

리고자 하는 분이 많다는 것은, 늘고 있다는 것은, 그만큼 실패자가 급증하려는 증상이 나타나는 것이다. 징조가 보인다.

한 스푼으로 배가 부르다면 다 부자가 되는 거 아니랴. 부자가 되고픈 「절규」 대신 「절차」를 따르는 게 인생 순리인 것이다.

● 땅 투자 성공자의 바른 자세

땅 투자 성공자의 모습에서 일관성을 찾게 된다.

유도를 잘 한다. 일본의 국기 유도의 특징을 보면 상대가 밀면 당기고 상대가 당기면 미는 다소 치사한(?) 기술처럼 비친다. 일본의 국민성과 직통 결부된다. 우악스런 격투기처럼 보이지만 지혜로운 운동이 유도인 것이다. 마치 간교한 뱀의 습성을 닮은 것 같잖은가?

실패자의 모습과 다르다. 악용(대박우선주의자들이 이용)의 대상물이 아니란 사실을 캐치한다.

땅 재테크 성공자의 모습은 둘.

부동산 부자의 행동거지를 따른다. 자신이 북치고 장구 친다. 자신이 수비와 공격을 다한다. 자신이 지주작업을 해서 일정기간 지나 자신의 손을 거쳐 직접 매도 작업을 수행한다. 남을 못 믿는다. 자신이 최고요, 최초를 지향한다. 개척한다. 고수다운 행동반경을 보인다. 이러한 작업이 미치지 못할 능력이라면 유능한 컨설턴트 손을 빌린다.

여기서 지혜로운 유도기술이 필요한 것이다. 물고기 잡는 방도를 알려주는 컨설턴트가 필요하다. 설령, 잡아 준 물고기(물건)일지라도 검토와

분석하는 방도를 스스로 캐치하여함은 당연지사이다.

지주가 되는 자격은 자신감이다. 자신감은 능력이다. 능력은 부동산 노하우. 컨설턴트와 나와 함께 고민하는 작업이 매매인 것이다. 일방적인 모습은 보기에 썩 안 좋다. 상대의 노하우를 비판만할 게 아니다. 받아들인다. 단, 상대의 유들유들한 유도신문(誘導訊問)에 속아 넘어가지 말지어다.

부동산의 이론은 상수에 불과하나, 현장 보는 범위와 안목을 함축(내용압축) 시키는 기술을 습득한다. 현장서 급소를 모색한다.

역세권 땅을 볼 때 가장 예민한 부위는 수용 여부.

급소를 모른다면 여과 없이 당하고 만다. 개발지역이면 뭐하나. 수용당하면 쪽박 길에 들어서는 걸.

현장의 길잡이에게 배워야할 것은, 내 것으로 만드는 일은 수용범위 알기이다. 물론 길(도로)의 중요성도 그냥 지나치면 안 된다. 현장서 핵심을 찾자. 왜? 개발지는 좁고도 귀한 존재니까. 항시 귀한 길은 부족하다. 아쉬움을 남긴다.

'땅 부자 = 땅 투자 성공 자'

이 등식이 딱 들어맞을 거라는 것은 큰 착각일 수 있는 것이다. 현실적으로 말이다. 지금은 7,80년대가 아니지 않는가.

■ 결론

• 현장 보는 태도 – 주위 환경을 좁게 보지 말고 넓은 시야를 만든 후 지

켜본다. 수사관이 용의자 눈을 응시하듯 말이다

스스로 좁은 문을 만들되, 그 문에서만 멈추지 않는다. 맴돌지 않는다. 반경 1~2km 땅의 미래는 보인다. 그 안(하드웨어로서의 땅 모양)에선 해결점이 발견 안 된다.

🟢 실패자와 성공자 사이

사람은, 실패자와 성공자로 나누어진다. 현실적이다. 모 아니면 도라는 인식이 강한 세상이다. 부자와 빈자로 구분되어지는 세상이다.

오래 전에 일어난 중산층 파괴사건과 무관치 않다. 실패자와 성공자 사이엔 욕심 없는 자가 항시 있다. 존재+상존한다. 가만히 있으면 성공자가 아닌, 실패자가 될 수 있다. 욕심 없는 자와 다른 경우이다.

중요한 점은, 가만히 있다고 해서 성공하는 경우는 없다는 것. 더 중요한 사항은 가만히 있다면 실패할 수 있다는 점이다. 아니, 피해자가 될 수 있다. 뒤쳐질 수 있다는 것이다

부동산, 땅을 보유하고 있다고 성공한 자는 아니다. 부동산, 땅을 보유하지 않고 있다고 해서 주눅들 필요까지는 없다. 땅 없다고 꼭 실패자라볼 수 없기 때문이다.

부동산, 땅을 가진 자와 안 가진 자 사이에 무엇이 있는가? 무엇이 존재한다고 보는가.

투자예정자들이다. 준비 중인 자이다. 우리는 준비 중이다. 매사 말이다. 인생설계를 준비한다. 죽음이나 재테크나, 준비하는 자에게 행동(행

운)이 따른다 할 수 있다. 죽음을 준비하는 인생이 우리 아니랴. 죽음을 향해 가는 게 우리네 인생이다. 세월의 흐름이 곧 죽음을 향해 항해 중인 모습.

재테크를 준비하는 인구와 죽음을 준비하는 인구는 거의 비등하다고 볼 수 있다. 아니, 그런 형식으로 가는 모양새이다.

🟢 현장감 여기서 느낀다

현장답사의 중요성은 반복적으로 강조해도 모자랄 판.

답사 시에 자신 있게 꼭 느껴야 할 사항은 여러 가지 많겠지만 우선적으로 현장에 무엇이 상존해 있는가를 유심히 관찰하면 좋을 듯싶다. 부동산의 가치가 높아지는 이유는 공존과 상존물(단순히 상징물이 아닌)의 존재감이라 볼 수 있겠다. 이유 있는 존재는 존재가치가 아주 높다 할 수 있겠다.

물건지가 있는 곳에 부동산 업소가 난무 하다거나 교회와 학교가 기하급수적으로 늘고 있다는 말은 현장감이 좋아지고 있다는 의미다. 땅의 가치가 높아지는 큰 연유가 서서히 차근차근 나타나는 모습을 현장에서 느낄 수 있는 것이다.

재건축이나 재개발 하는 곳을 유심히 살펴보면 떴다방이 많다. 그만큼 호재의 존재감을 만천하에 알리는 요소+요인인 것이다. 부동산 업소가 많다는 것은 그만큼 그 지역의 개발호재와 대형 개발청사진을 이미 안고 있다는 증거.

반대로, 중개업소가 하나도 없다는 말은 호재가 없다는 말과 같다.

인간생활의 의식주 중에 주(住)가 부동산.

부동산 업소가 활발하게 움직인다는 말은 인간생활에 활력소가 많이 들어갔음을 의미하는 것이다. 부동산 업소가 난립, 난무하는 곳에 뭐가 있나 잘 살피는 방도를 연구, 모색하자.

교회는 어떤가.

크고 작은 교회가 많다는 것도 궁금증을 크게 유발한다. 특히, 대형교회의 지역에 관한 영향력은 대단하다. 분명, 인구가 유입되는 징조인 것이다. 고정, 거주인구는 물론이고, 목사의 능력여하에 따라 원정객들의 수많은 방문 수에 따라 복음화에 불이 붙을 터.

인구이동, 무시할 수 없다. 왜? 종교는 헌법이 보장해주니까 말이다. 종교의 자유. 그 힘은 대단하다. 국방력과 공권력도 안 무섭다. 두렵지 않다.

학교 파워 또한 세다. 교육은 국민의 3대 의무 중 하나이지 않는가.

학교가 늘고 있다는 말은 교육인구의 정착을 의미한다. 지역 잠재력이 싹틀 수 있는 터전이 마련되고 있는 것이다. 차후, 맹모삼천지교 얘기가 나온다면 그 지역은 발전에 발전을 거듭할 것이다.

중개업소(떴다방의 난입의 의미), 교회, 학교를 유심히 살펴보자. 그 주위를 살펴보자.

아마, 개발 호재가 분명히 있을 거다.

● 좋은 투자처 고르는 방법

좋은 투자처 고르기가 만만치 않다. 함정이 숨어 있는 개발지가 너무나 많아서다.

허나, 급소를 찌르면 간단히 해결된다.

투자처는 두 가지로 대별되어져 개발지는 두 가지로 나누어진다. 꼭 필요한 개발사항의 개발지와 그렇지 않은 개발사항의 개발지가 그것이다. 감별능력이 어느 때보다도 꼭 필요하다. 장기불황과 백지화 현상도 일어나는 지금의 시점에서 말이다.

• 꼭 필요한 개발사항 – 수도권의 역세권 지대. 백지화 확률이 매우 낮다. 아니, 백지화 안 된다.

• 그다지 필요한 개발이 아닌 사항 – 관광지 개발. 공항건설과 화이트 벨트 프로젝트.

  백지화 확률이 너무도 높다.

투자처를 정할 때, 인구(고정) 따져보는 일은 빼놓지 않는다. 경제 인구(산업 및 상업 활동 인구)를 유심히 살핀다. 유동인구라 하더라도 경제 인구는 관광인구의 특징을 압도하고도 남는다. '일(work)' 하는 인구는 해당 지역 인구분포도의 중추적 역할을 담당한다. 고정+유동인구의 합일체를 만드는 강력한 재료이다.

수도권 불패신화를 이어가는 것은 '일' 하는 인구가 많아서다. 즉, 경제 활동인구가 철철 넘쳐나서다. 수도권 역세권의 인구 중 유동인구가 중요하지만 그 중에서도 경제 인구는 더욱더 중요하다.

투자자 입장에서 개발지가 투자처일 터. 개발지도 두 부류란 사실을 알았을 터이다

역세권의 중요성을 알기 전에, 환승역의 매력을 알았으면 한다. 사람들이 들끓어서 부동산 가격과 가치를 역동시키니 희망적이지 않는가. 상가도 살(生) 뿐 아니라, 인근의 아파트도 타 아파트의 부러움을 사기에 부족함이 없다.

가격거품현상이 문제점으로 떠오르겠지만 거래가격보다 약간 저렴하게 구입하는 방도를 모색하면 된다. 같은 가격에 매입한다면 '투자의 가치'는 별로로 본다.

알짜 역세권에 진입되어지는 개발진흥지구(특정개발진흥지구)는 제2종 지구단위계획을 세우게 만든다. 도시와 농촌의 아우름의 제1종 지구단위계획에 비해 2종 지구단위에 관한 계획은 계획관리지역 수위로 요점 정리된다.

개발진흥지구는, 주거기능, 상업기능, 공업기능, 유통물류기능, 관광기능, 휴양기능 등을 집중적으로 개발+정비할 필요가 있는 지구로 국토의 계획 및 이용에 관한 법률에 따라 도시관리계획으로 결정, 고시된다.

제1종 지구단위계획은 도시지역 안에서 기존 시가지의 정비, 관리, 보전 또는 신시가지 개발 등을 위해 수립한다.

제2종 지구단위계획은 계획관리지역, 개발진흥지구로서 일정 요건에 해당하는 지역을 대상으로 지정한다. 해당 구역의 중심기능에 따라 주거, 산업, 유통, 관광휴양, 특정, 복합형으로 구분한다.

■수도권 역세권(환승역)이 유리한 점

인구 2500만 명의 영향력을 직접적으로 본다. 수도권 인구는 현재도 급증 중이고 계속해서 급하게 늘 터이다. 왜? 춘천과의 연계성(경춘선)과 경원, 경의선의 영향력을 무시할 수 없는 노릇이니 말이다. 이밖에 천안 등 충청권과의 연속성을 발휘하고 있는 지하철1호선, 그리고 중앙선은 수도권의 힘을 헤라클레스로 만드는 큰 재료!! 클레오파트라 모양새의 관광지와는 차원과 색부터 확연히 다르다.

부동산은 힘(力)이 중요하다. 힘 발휘가 중요하다. 미(美)는 그다지 중요하지 않다. 힘에 비해 차순위이다.

꼭 필요한 개발지에, 그 사항에 투자하면 환금화가 빠를 수밖에 없다. 안전하니까 당연히 매수자들이, 실수요와 실거주자들이 몰리는 것.

그다지 필요성 안 느껴지는 개발지에 투자하면 그 반대의 현상이 일어난다.

● 부동산의 위치와 형태는 별도

우문 하나.

'田이 왜 이렇게 비싸요?'라고 반문을 하시는 분이 꽤 많다. 밭이라는 지목이 중요한 게 아니라, 즉 형태가 중요한 게 아니라, 위치와 환경조건이 중요하다는 사실을 아직도 인지 못하는 분이 많으시다. 그러하니 이런 답답한 질문이 쇄도하는 것(땅의 모양은 개인적으로 바꿀 수 있는 상황〈필지 수위〉. 허나, 땅의 환경과 조건은 개인이 못 바꾼다. 땅의 모양 = 획지 차원).

내 땅이 어디에 위치해 있는지, 어떠한 형편인지를 해당 지자체서 알아내는 방도를 모색하면 좋겠다. 지목의 중요성에 집중하다보면 정작 아주 중요한 용도, 용처, 활용도의 중요성을 상실할 수 있다. 소탐대실을 또 강조한다.

예를 들어, 도곡동의 땅을 보자.

대한민국 주거지 중 가장 비싸다 할 수 있는 이 지역엔 말도 탈도 많을 수 있는 타워팰리스(1, 2, 3)가 위풍당당한 채 공룡의 자태를 맘껏 뽐내고 있다. 만약, 이 타워팰리스가 강북구 수유동(국립공원과 개발제한구역, 문화재보호구역)에 위치해 있다면 거품현상이 일어날 수 없을 것이다.

똑같은 형태의 물건이 위치에 따라 5배에서 10배까지의 차가 난다는 말이다.

위치와 행태는 무관. 서로 관계선상에 안 놓인다. 물과 기름 관계를 유지한다. 천양지차로 달라져, 변혁을 이룬다.

지목에 연연하는 자와 용도에 집중하는 자의 부의 사이즈가 장차 엄청난 표시, 표식으로 나타날 것이다.

굳이 분석하자면 수유리는, 국립재활원 인근의 부동산이라면 그 영향력에 가격구도가 소강 및 하락세를 면할 수 없을 터이다. 물론, 부동산 주인이 화 날 일이지만 말이다.

도곡동은, 타워팰리스 인근의 부동산들은 타워팰리스 1,2,3의 영향력으로 무시할 수 없는 시너지 효과가 대한민국 국민들에게 선보일 터이다. 부의 가늠자가 도곡동 타워팰리스이다.

아방궁처럼 멋진 자태를 보지 말고 타워팰리스와 그 인근의 모양새를 보자는 말이다.

타워팰리스를 단순히 선망의 대상이나 시기, 질투의 표적+대상물로 보지 말고 부동산 공부(위치에 관한 집중적인 공부)에 활용되어지면 참 좋겠다.

부동산은 가격싸움에도 신경 많이 써야겠지만 위치의 싸움이 훨씬 중요하다. 가격과 논쟁을 벌이는 사람들 대부분은 지목 등에 지대한 집중력을 보이는 것 같다. 이는 큰 소모전이다. 브랜드 역시 위치를 중요시 여겨야 하는 법.

대도시면 뭐하나. 광역시면 뭐하나. 내가 소유할 부동산의 위치가 안 좋다면, 환경조건이 안 좋다면 브랜드는 한낱 미물에 불과한 것이다. 지역브랜드에 걸 맞는 위치를 따져야 하는 것이다.

투자자들이 가장 많이 하는 착각은 지역의 높은 브랜드에 연연하다가 큰 낭패를 볼 수 있는 위치의 사각지대에 관한 이해력 부족이다. 즉, 대도시건 광역시건 지역의 오지격인 녹지공간은 항시 상존한다는 말이다. 보전녹지의 수위의 것들에 주의를 기울여야 한다.

🟢 역세권의 명치 + 급소는?

역세권의 명치를 줄여서 적어본다. 역세권이 재목될만한 제목들이다.

① 인구의 중요성

고정인구와 유동인구, 그리고 유도(투기와 투자자들) 인구의 조화

② 부대 및 편익시설의 유무

놀고 있는 편익시설인가를 본다. 사용량을 점친다. 점검한다.

③ 필요성

역의 필요성을 점검한다.

왜, 이곳에 역이 생겨야 하는가?

대답이 정답에 가까워야지 해답에 근접하면 안 된다. 변명을 듣자는 뜻이 아니다.

④ 환승 수위

일반역과 달리, 연계성이 강하다.

인구가 많아진다. 고정인구보다 유동인구에 신경 많이 쓰여 진다.

⑤ 간이역과 구별

현실적으로 유령역세권의 모습이 간이역 수위다.

⑥ 연계성과 인접성

유령역세권의 특징을 하나 굳이 뽑자면 연계성과 인접성의 무시이다.

⑦ 대기업과의 관계선상

중소기업보단 대기업이 상존한다면 땅의 가치는 드높아질 수밖에 없다. 문어발식 대기업 계열사와 협력업체에 기대한다. 경제적 파급효과와 고용 인구를 기대한다.

⑧ 수도권과의 인과 관계

자그마치 수도권의 인구는 2500만 명.

이 중 전철을 이용하는 자가 몇이겠는가.

⑨ 지방역과 대비

수도권 인구의 지방으로의 흡수가 아닌, 지방인구의 수도권으로의 흡수를 기대한다. 즉, 빨대효과 무시 못 한다.

⑩ 이유 없는 역과 비교분석 가능 여부

위 간이역과 비교한다.

간이역은 역세권이 아니다. 지나가는 '추억'의 길일 뿐 별 작용 안 한다.

역(지나가다 잠시 머무는 정도의) 생긴다고 호들갑 떨일 아니다.

⑪ 개발진흥지구(제2종 지구단위계획에 포함됨)

특정개발진흥지구 안의 역동적인 모습을 목격한다.

⑫ 수용여부

절충식에 근접한 방도가 적절, 적정하다고 판단된다. 현실적인 말이다.

도시개발법에 의한 우리나라 도시개발방식은 세 가지.

환지와 수용, 그리고 둘을 혼용한 절충방식이 그것.

환지방식은 원소유자의 소유물(토지나 건축물)을 평가해서 금액을 산정해 놓고 개발 이후에 생기는 생성물을 기존의 소유자에게 다시 분양하는 방식으로, 소유권 자체는 있고 소유물권이 바뀌는 것이다.

이와 달리, 수용방식은 원소유자에게 적당한 금전의 보상을 해주고 개발하는 방식으로, 원소유자는 금전보상으로 소유권을 완전히 넘기는 것이다.

⑬ 가격 거품

역세권은 '빛(등잔불)'이다.

등잔불 빛이, 밑이 어둡다 = 수용 여부가 예민하다

빛에서 멀수록 위험. 빛조차 안 보인다면 말이다.

빛의 크기(역사의 크기)에 따라 밝기는, 조도는 조명(개발이슈)의 깊이+넓이에 따른다.

뒤따르게 되어 있다.

빛의 속도는, 간이역은 매우 낮고 형편없으나 초역세권이나 환승역, 트리플역세권은 그 단위가 광년 버금간다.

'광년 = 빠른 환금화를 비유법(환유법)으로 대신 표현한 것'

🟢 중수 때 투자한다

땅 투자가 어려운 것은 차후, 편해지고자 하는 크고 작은 욕심 내지 욕망 때문.

욕심 없는 투자는 없는 것이요, 투자의 결심은 욕심의 발현인 것이다.

편안+평안한 삶을 영위하기 위해 땅 투자한다.

초보자 입장에선 땅 투자를 쉽게 하면, 차후에 어렵게 될 수 있다.

• 고수의 입장 – '쉬워서 좋다'가 '편해서 좋다'로 자연스레 변동한다.

• 하수의 입장 – '어려워서 힘들다'가 '불편하다'로 자연스럽게 변한다. 일단, 어려움을 극복하는 길이 수(手)인 것이다.

• 법(약속)과 편법(편리한 법)의 활용도 거의 100% 상용 – 고수의 입장

• 약속을 공약(공공의 약속)으로 여김 – 하수의 입장

• 중수의 입장 – 고수와 하수를 아우르는 중용의 모습+상태.

  중수 상태서 투자행위가 거의 이루어진다.

• 전문가 – 고수

• 준전문가 – 중수

• 문외한 – 하수(환자상태로 치유가 필요한 상태).

  무조건 대박을 노리는 하수는 아주 위험한 상태이다. 게으르면서 욕심은 아주 많은 상황이다. 게으르다면 투자할 가치가, 자격이 없는 것이다.

■ 부동산 투자 시점의 두 분석, 두 길

① 한 길

무릎서 사서 머리서 되팔다(과거의 모습) = 소액(최초의 비용이 아닌)으로 최대효과, 효력을 바라는 투자행위

② 또 한 길

정신적인 여유가 충만할 때, 즉 여윳돈이 준비되어져 있는 상황(현재 적용 = 현재의 모습)에서 움직여야 한다.

왜?

대출 위험도의 감응(유도)에 크게 노출되어져 있기 때문. 대출이 위험하다는 사실을 인지할 터이다. 대출도 자신감이다. 미래를 보고 대출 투자하는 것이다. 현실도피성 대출 투자는 아주 위험하다.

자신에 위헌한, 위험하게 시작한 투자는 끝도 위험하게 되어있다. 팥 심은 곳에 콩 나는 것 보았는가.

● 길의 종류와 생동감

길을 보통 생명선 혹은 생명줄로 해석해, 길이라는 소재서 생동감의 원천을 인지할 수가 있다.

길의 중요성은 부동산 투자 시, 꼭 감지할 사항이다. 길 따라 부동산 투자를 한다지만 길은 나쁜 길과 그렇지 않은 길로 대별된다.

과거엔(2000년 초)안 그랬었지만 철도와 고속도로는 좋은 길로, 하늘

길 즉, 공항로는 안 좋은 길로 변해가는 형국이다.

아무리 도로가 땅 팔자와 사람 팔자를 변동시킨다지만 일부, 하늘 길은 영 아니라고 판단된다.

철도와 고속도로는 무지막지한 사업비가 소요되고 있지만 부동산의 가치를 역동시키는 힘은 어느 못, 부분 못지않게 강력하다. 춘천의 힘을 지금 우리는 목격하지 않는가. 국내서 유일하게 미분양 아파트 수가 적으며 아파트의 성질을 잃지 않는 곳이 춘천이다. 철도의 힘과 고속도로의 잠재력을 목격하는 것.

특히 수도권의 인구포화, 폭증현상을 유발하는 주범(?)이 바로 철도와 고속도로의 선전이다.

활약상이 대단하다.

고속도로와 철도는, 전체 분위기는 서로 확연히 다른 성격이나, 그것들의 공통점은 한결같다. 인구에 예민하다. 수도권 불패신화는 철도와 고속도로의 지대한 영향력의 결과물이다.

그러나 하늘 길은 문제이다. 고도제한은 둘째치고라도, 지방공항의 모양새는 한심하기 짝이 없다. 직원 수가 손님 수를 압도하니 이게 말이 되나!

세월이 흐를수록 적자 폭은 큰 데도 모두들 손 놓고 있다. 밑 빠진 독에 돈을 마구 뿌린다. 돈을 세야하나, 돈이 새고 있는 것이다. 무책임한 행동이 한심해 보이지 않는가. 지방공항의 적자신세가 한탄스럽기 그지없다. 호미로 막을 일을 가래로 막을 참인가.

양양국제공항? 동네공항 수준이다. 무안국제공항? 역시 그 수위서 멀지 않다. 이곳에 투자를 했던 투자자들은 지금 큰 시름과 고통 속에서 헤어나지 못하고 있다.

방법이 없다. 빠져 나올.

양양, 무안 등 지방공항의 역류현상, 이대로 가면 또 큰 일 치른다. 동남권신공항 백지화 사태가 이를 입증한다. 왜 이러한 일련의 사태가 우리를 엄습하느냐, 그 이유를 알면 그만인 게다. 더 이상의 하늘 길에 기대하는 것은 큰 무리란 뜻이다.

차라리 **KTX**(잔 고장이 좀 많은 편이지만)가 항공기의 성능과 특징을 압도하고 있는 형편이라는 판단이다. 속도와 비용절감 면에서 말이다. 지극히 실용적이다. 상대성이 확연히 보인다.

■ 길의 종류

• 좋은 길 – 철도와 고속도로
• 나쁜 길 – 하늘 길(항로). 단, 인천공항 등과 같은 세계적 수준의 공항은 예외.

불요불급한 철도나 도로는 항로보다 많지 않은 상태이다. 현재, 불요불급한 공사가 국제항공공공사이다.

◉ 실패자와 투자 못하는 자의 특성

실패자의 특징은 확연히 잘 보인다. 외부로 잘 나타난다. 투자 못한 자의 특성 또한 잘 보인다. 실패자는 소탐대실한다. 중요한 점, 급소를 모른다. 장단점 파악이 안 된다. 가격에 너무 집착한 나머지, 중심선을 잃고 만다. 가격은 살인적인 폭리에 희생양만 안 된다면 무난하다. 현실적으로 가격 알아내기가 만만치 않다. 개발사항 알아보기가 더 낫다고 본다. 미시적이고 거시적인 사항을 함께 알아볼 길이 있는 것.

작은 것은 버리고 큰 것을 찾는, 모색하는 투자방식을 취하면 꿈(투자행위와 수익 보는 행위)이 현실로 이동된다.

투자가 꿈인 사람이 많다. 수익 내고자 꿈꾸는 사람이 많다.

땅 답사 시, 땅의 생김새를 보기보단 땅 주위의 여건과 환경을 예의주시하는 게 훨씬 낫다(투자목적인 경우).

땅의 생김새의 중요성은 실수요 목적인 자에게 통용된다.

현장답사 갔더니 한 주부의 깊은 하소연을 들을 수 있었다.

"아무것도 없잖아!"

아파트 마니아였던 이 주부, 아직까지도 아파트에 미련이 있는 듯하다. 아파트에 많이 익숙한 모양새가 안 변한 채 현지 답사전선에 뛰어든 것이다. 변화가 없는 마음상태서 땅 답사하는 행위는 무의미하게 될 소지가 크다.

땅의 현지답사는 땅을 보러가는 게 아닌, 주위의 여건, 실태를 파악해 보면서 그것을 통해(참조사항) 땅의 미래, 잠재성을 체크해 읽는 것이다. 작은 것에 연연, 집중하다가 정작 큰 것을 잃는 경우가 많다. 목적이 불분명한 채 우유부단한 행동이 문제이다. 투자, 실거주, 실수요 행태 중 하나가 분명히 선택되어져야 한다. 이 중 실수요는 '준 실거주' 행태다.

전용행위가 그 좋은 실례.

작은 욕심 부리기와 소탐대실은 다른 말. 작은 것에 연연, 집중하는 행동은 작은 욕심 부리기와 거리가 있다.

🟢 당진에 투자하세요, 이천에 투자하세요

가장 많은 문의사항은, 어디에 투자를 해야 하나요? 이다.

업자의 잘못된 컨설팅을 유발하는 애매모호한 질문이라고 본다.

"이천에 투자하세요"

"당진에 투자하세요"

너무 성의 없는 대답이다. 광범위하고 광활한 대답으로 인해 투자자는 오판과 착각을 반복한다. 악순환을 반복한다. 투자자 입장에서 길라잡이 역할을 수시로, 스스로 해야 하니 말이다. 구체적이고 정확도가 큰 것에 신경 많이 써야 함은 당연지사.

대답이 크고 실속 없으면 투자자가 오판을 크게 부를 수 있다. 차후, 땅이 묶이게 된다.

마치, 이천과 당진 전체가 개발되는 양 호들갑 떠는 모습에 치가 떨린다. 여백 무시를 구체적으로 자신 있게 해버린다는 면에서 말이다.

역세권 개발도 수용여부와 미개발 수위를 깊게 따져 물어야 한다. 미개발 수위 체크! 이건 필수항목이다.

• **도시화의 특성** – 개발지는 비좁은 상황서, 개발할 의향이 도통 없는 보전녹지가 드넓게 분포되어 있다. 갈수록 신도시 화가 형성될 때 녹지율이 높아진다. 그렇다고 해서, 땅값이 싸지는 않다. 녹지 化도 도시화의 한 부위라 여겨지니 말이다. 호흡이 중요하다. 주요 변수역할을 한다. 책임진다. 땅의 호흡기가 녹지지대이다.

그림을 그릴 때 여백이 필수. 여백 없는 그림은 그림이 아니다. 아니, 예술의 포기이다. 개발청사진의 그림에도 여백 즉, 녹지의 확률은 상존한다. 단순히 녹지 확률을 리스크 확률이라고 해석하기도 애매모호한 상황. 녹지 공간 없는 부동산은 부동산이 아니다.

■ **결론**

유명한 부동산 재테크 전문가 아무개 씨.

이 분은 크고 강한 유명세 덕을 단단히 보는 중이다. 상담료가 유명세와 정비례한다. 큰덕분에 이 분의 덕은 곧바로 투자예정자에겐 독으로 돌아오곤 한다. 30분 전화 상담료가 무려 50만 원, 1시간은 자그마치 100만 원이나 한다.

아쉬운 점은, 투자처를 묻는 질문자(투자예정자)가 원하는 대답을 안 해준다는 것이다.

예) 강남에 투자하십시오.

당진에 투자하십시오.

투자처를 정했다면 구체적 개발계획도가 분명히 있어야 한다. 구체적이지 않다. 대충 그림을 그려주고 있다. 스케치 정도이다. 개론 설명을 장황하게 한 후 강남에, 당진에 투자하란다. 구체적이지 않다. 서울에서 김 서방 찾기요, 백사장서 바늘 찾는 식이다.

개발지에 관한 구체적인 상황설정을 기다린다. 급소, 핵심부위를 노려본다. 투자자 입장에서 말이다.

🟢 사용법 모르면 큰일 치를 터

고가의 인공지능 세탁기를 구입한 후 상용을 안 한다면 기계고장이 잦을 것이다. 더욱이 사용법, 활용법을 모른 채 구입한다면 고성능 명품의 물건은 무용지물이 될 것이다. 괜한 자존심 때문에 활용법을 기술자에게 안 묻는 경우는 더욱더 무의미하다.

부동산 구입도 마찬가지다.

땅 활용법을 모른 채 무작정 구입만 한다면 그것 역시 유명무실한 물건으로 전락되어지는 과정인 것이다.

2억 원 넘는 스포츠카를 소유하면 뭐하나. 운전할 수 없거나 활용할 방도가 모색 안 된다면 유명무실 아니, 애물단지(세금 등 유지비 낭비) 될 소지를 안고 있는 것이다.

부동산에 관한 강인한 공법을 모른 채 땅 구입하면 활용 못해 유명무실한 땅으로 변질되는 법이다.

세탁기 사용법을 모른 채 잘못 사용하면 세탁기 고장은 잦을 수밖에 없다. 땅 활용법 모른 채 잘못 활용하면 악용으로 변질될 수 있다. 불법전용의 원흉+산물이 된다. 법적 제재서 자유롭지 못하다.

비전문가 손에 맡겨진 기계와 부동산의 미래는 잠재성을 파괴당한다. 잠식당한다. 돌이킬 수 없는 후회의 연속, 악순환을 반복한다. 돈이 두 곱으로 든다.

사용법, 활용법 모른 상태서 물건을 구입한다는 뜻은 사용불가의 물건을 충분히 구입할 수 있다는 것이다. 전후사정을 모른 채 물건 구입하는 자체가 무의미하나, 물건을 구입하고 나서가 더 큰 문제이다.

정답은 스스로 만드는 법.

향후, 자유를 누가 더 깊게 향유하느냐가 큰 관건이다.

땅의 활용법은 공법을 토대로 움직이되 공무원을 십분 활용한다. 공무원은 기계의 기술자 역할을 담당하고 있기 때문이다.

부록

개발
예정지

● 김포 양촌 일반산업단지 조성(=김포 골드밸리 산업단지 개발)

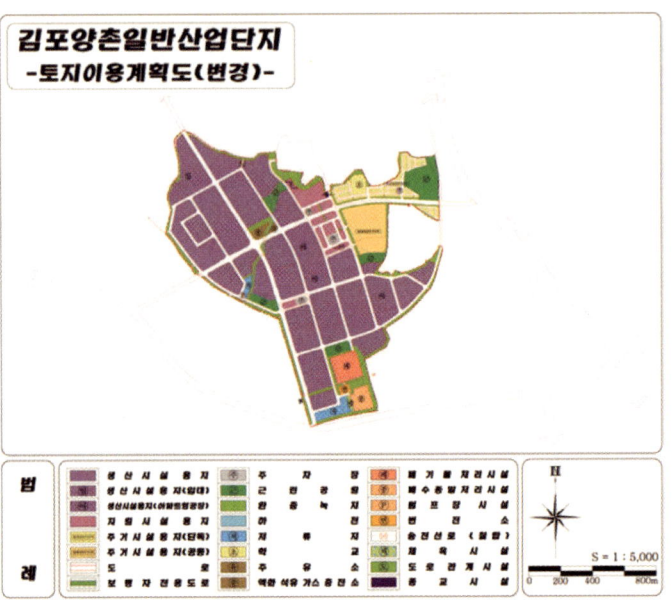

- **투자처 위치** – 김포시 양촌읍 일대

- **개발면적** – 1,680,948m²

- **개발기간** – 2003~2013.4

  (지구지정일 : 2004. 9.30, 실시계획승인일 : 2006. 6.14)

🔴 경원선 신탄리~철원 철도복원 사업

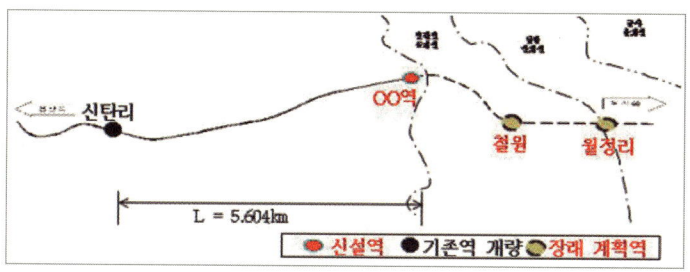

- **투자처 위치** – 강원도 철원군 철원읍, 경기도 연천군 신서면

  (경원선 신탄리~군사분계선 잇는 연장 5.6km의 철도 복구사업)

- **기간** – 2006~2013년

- **총사업비** – 472억 원

- **사업적 기대 효과** – 동북아 횡단철도 및 철원까지 통일안보 관광수요 확보

● 남여주 나들목 설치사업

- **투자처 위치 –** 경기도 여주군 가남면 본두리 일대

- **개발기간 –** 2009~2013년

- **개발비 –** 291억 원

- **사업내역 –** 트럼펫형 교차로(지방도333호 평면교차)

- **시공사 –** 한진중공업

- 남여주 나들목은 여주군 가남면 본두리 일원 지방도 333호와 접속 연결된다. KCC산업단지, 여주프리미엄아울렛, 신세계 이마트 여주 물류센터와 인접한 요충지이다.

- **전망 및 기대효과 –** 향후 물류유통단지개발, 첨단산업단지 조성, 골프 관광산업 육성 등에 활기가 들어갈 것이다.

● 인덕원~수원선 인덕원~동탄 연결사업

- **투자처 위치** – 경기도 안양시 동안구 관양동, 경기도 오산시 외삼미동

- **노선** – 인덕원~동탄

- **사업비용** – 2조4733억 원

- **사업내역** – 인덕원~동탄을 잇는 연장 35.8km에 이르는 복선철도사업으로, 안양~화성지역의 수도권 순환철도망이 연계된다.

🔴 경부고속선 사업

- **투자처 위치** – 충북 청원군 오송읍, 경기도 평택시 평택동

- **준공예정** – 2020년

- **사업내역** – 평택~오송을 잇는 연장 47.5km에 이르는 복선철도사업

- **기간** – 2011~2020년

- **사업비** – 3조604억 원

● 월곶~판교선 사업

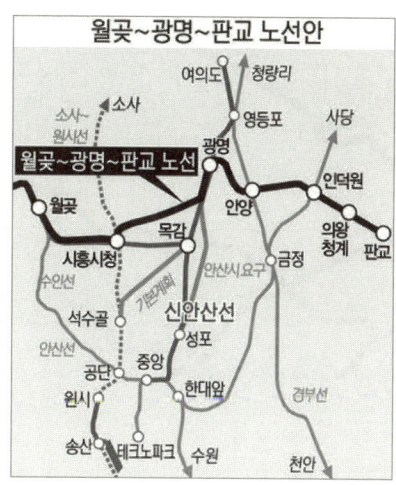

• **투자처 위치 –** 경기도 시흥시 월곶동, 성남시 분당구 백현동

• **준공예정 –** 2014년

• **사업내역 –** 월곶~판교를 잇는 연장 37.7km에 이르는 복선철도사업, 분당
  ~시흥 지역의 수도권 순환철도망 연계 (수인선 시흥시 월곶역에서 소사~
  원시선이 시흥시청역, 고속철도 광명역, 4호선 인덕원역, 신분당선 판교역
  을 연결하는 전철노선)

• **사업기간 –** 2011~2015년

• **사업비 –** 2조6501억 원

• **효과 –** 월곶~판교선은 경수선, 안산선, 신분당선, 소사~원시선 등 기존
  수도권 전철망과 유기적인 연계 체제를 구축할 수 있고 성남~여주선과 연
  결하면 중부내륙지방까지 연계할 수 있을 것이다.

● 수서~용문선 사업

- **투자처 위치 –** 서울 강남구 수서동, 경기도 양평군 용문면

- **사업비 –** 1조4971억 원

- **사업내역 –** 수서~용문을 잇는 연장 44.1km에 이르는 복선철도사업

🔴 신흥대학 파주캠퍼스 건립

- **투자처 위치 –** 경기도 파주시 법원읍 일대

- **기간 –** 2011~2013년

- **개발면적 –** 370,000m²

- **사업내역 –** 바이오 융합대학으로 글로벌시대에 적합한 전문 인재 양성을
  비롯해 국제화 특성화 캠퍼스로 운영할 계획이다.

  2013년 5개 학과 개설(약260명), 2015년 14개 학과 개설(약2,000명)

- **규모 –** 20만 평

● 힐마루 종합리조트 조성

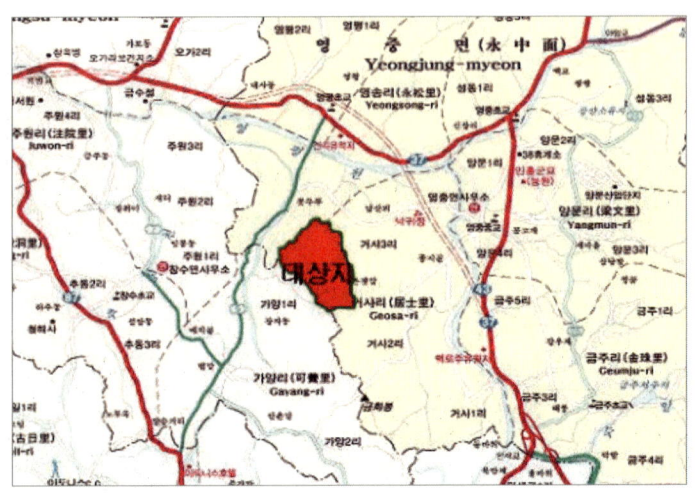

- **투자처 위치** – 경기도 포천시 영중면 거사리, 영송리, 창수면 가양리 일대

- **조성 기간** – 2013년

- **조성 면적** – 2,970,000m²

- **비용** – 4500억 원

- **사업내역** – 골프장 54홀(회원제 18홀, 대중제 36홀)과 휴양콘도미니엄
  320실(지하3층+지상9층), 워터파크, 승마장이 들어선다.

🔴 여주 나들목~장호원(국도37호) 도로공사

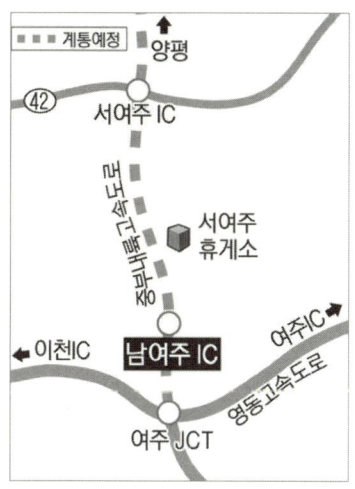

- **투자처 위치** – 여주군 여주읍 일대

- **기간** – 2005.10~2013.12

- **비용** – 948억 원

- **규모** – 길이 8.32km, 폭 20m, 4차로

- **내역** – 여주읍 점봉리 여주 나들목~점동면 덕평리(1공구)

- **시공사** – 현대산업개발

🔴 안산~일직 고속도로사업(사업연장 10km)

- **투자처 위치** – 경기도 안산시 상록구 월피동 일대

- **구간** – 서해안선(안산~일직구간) 부곡동

- **준공예정** – 2015년

- **사업기간** – 2010~2015년

- **차로 수** – 8, 10차로

- **출입시설** – 나들목 : 목감, 광명역

- **분기점** – 안산, 조남, 일직

- **터널** – 2개소(1140m)

- **교량** – 4개소(594m)

● 별내선 암사~남양주 연결사업

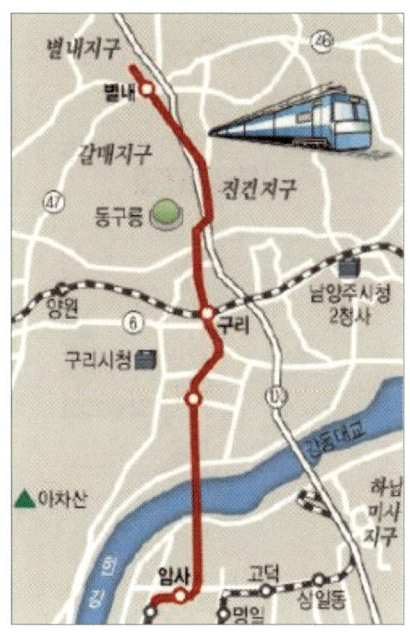

- **투자처 위치 –** 경기도 남양주시, 서울 강동구 암사동

- **준공예정 –** 2017년

- **필요성 –** 지하철8호선과 연계해 수도권 동부지역 철도망 구축

- **사업비 –** 7988억 원

- **사업내역 –** 서울 암사동에서 별내 지구를 연결하는 연장 11.37km에 이르는 복선전철사업

● 서울~문산 고속도로사업

- **투자처 위치 –** 서울 마포구 상암동, 경기도 파주시 문산읍

- **준공예정 –** 2015년

- **사업내역 –** 서울~고양~파주(34.7km)

- **사업기간 –** 2006~2015년

- **출입시설 –** 고양 현천~화전~행신~화정~식사~파주 운정~금촌~월롱~

  산단~내포(10개 나들목 설치)

● 포천선(의정부~포천~철원) 연장사업

- **투자처 위치 –** 경기도 포천시 소흘읍 일대

- **사업기간 –** ~2020년

- **사업비 –** 8300억 원

- **사업내역 –** 경원선 전철 의정부시 가능역을 환승역으로 해 북쪽으로 의정부~포천선을, 서쪽으로 능곡~의정부간 교외선이 연결되어 경기 북부의 유일한 동서연결철도 역할을 할 터. (의정부 가능역~금오동 경기북부 광역행정타운~포천 송우리~포천동~강원도 철원, 서쪽으로는 가능역~고양 능곡)

● 정안 나들목~행정도시간 연결 국도개설사업

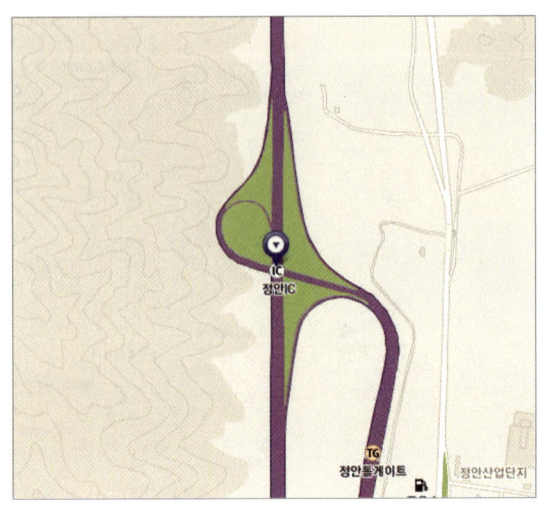

- **투자처 위치 -** 충남 공주시 정안면, 연기군 남면

- **기간 -** 2009~2013년

- **사업비 -** 2941억 원

- **사업내역 -** 공주시 정안면 정안나들목(천안논산 고속도로)에서 행정도시
  (세종시)간 연결 국도개설사업

- **규모 -** 길이 15.26km, 폭20m, 왕복 4차로

● 천안~청주공항선 개설

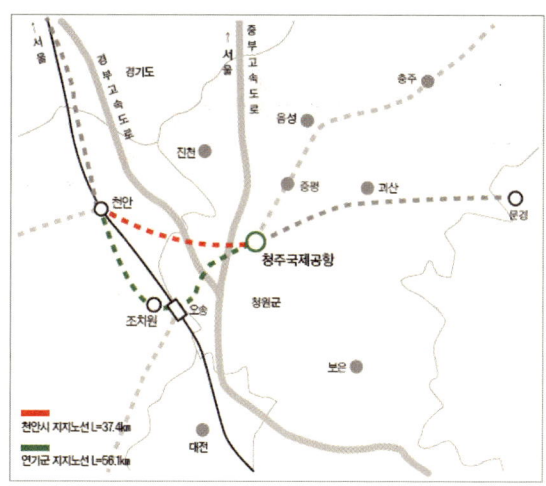

- **투자처 위치** – 충남 천안시 대흥동, 충북 청원군 내수읍

- **사업내역** – 천안, 청수역, 독립기념관역, 병천역, 오산 과학산업단지역, 청
  주공항을 경유하는 연장 39.6km에 이르는 복선전철사업

- **기간** – 2011~2015년

● 서천 나들목~판교간 도로건설

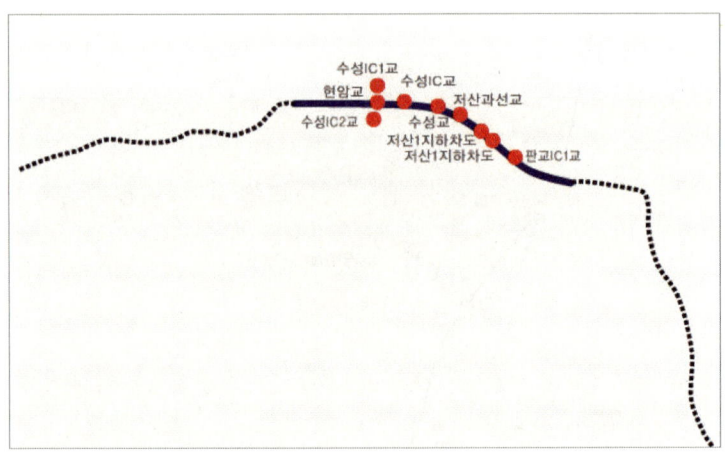

- **투자처 위치 –** 충남 서천군 서천읍 일원

- **기간 –** 2010~2013년

- **비용 –** 90억 원

- **사업내역 –** 군산~경주간 국도4호선 중 충남 서천군이 서천 나들목에서 판교간 기존 2차로 도로 4.8km를 4차로로 확장하는 사업

- **규모 –** 도로연장 4.8km에 폭은 9.9m(2차로)에서 20.9m(4차로)로 확장되며 교량은 8개소(415m), 교차로는 3개소이다. (서천군 서천읍 오석리~서천군 판교면 문곡리 구간)

● 제2경부고속도로 사업(128.8km)

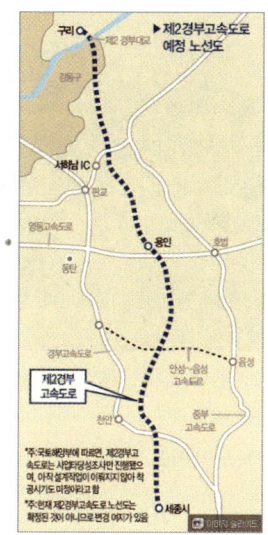

- **투자처 위치** – 충남 공주시 장기면, 경기도 구리시 토평동

- **노선** – 서울시~세종시(서울~용인, 용인~안성, 안성~세종)

- **준공예정** – 2017년

- **사업기간** – 2010~2017년

- **차로 수** – 6차로

- **출입시설** – 나들목 : 남구리, 강동, 광주, 성남, 오포, 동안성, 서운, 동천
  안, 연기, 세종

- **분기점** – 서하남, 용인, 금이, 동안성, 동천안, 의당, 동공주

- **터널** – 35개소

- **교량** – 141개소

● 안면도 관광지조성사업(지포+운여)

• **투자처 위치** – 충남 태안군 안면읍 일원

• **개발면적** – 2,765,000m²

• **개발기간** – 2007~2016년

(지구지정일 : 2007. 4.17, 개발계획승인 : 2011. 9)

• **사업내역** – 안면도 관광지(지포지구)는 꽃지지구, 태안기업도시, 안면도~

보령간 연육교 건설 등 주변 개발 사업으로 서해 관광지 중심지가 될 터.

● 보은 첨단산업단지 개발(IT, BT, 기타 제조업, 연구시설 등 유치)

• **투자처 위치** – 충북 보은군 삼승면 우진리 일대

• **개발면적** – 1,484,464m²

• **개발기간** – 2007~2013년

• **지구지정 및 개발계획승인일** – 2009. 5

🔴 영동~옥천 고속도로사업(7.1km)

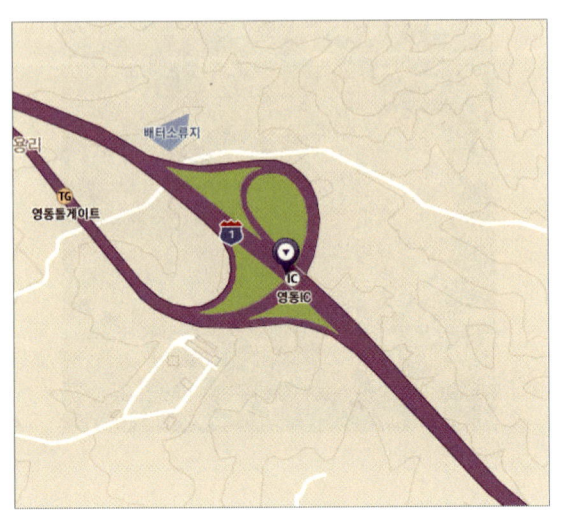

- **투자처 위치** - 충북 영동군 용산면 일대

- **준공예정** - 2015.12

- **구간** - 경부선 영동~옥천간

- **차로 수** - 4~6차로

- **터널** - 2개소(1140m)

- **교량** - 4개소(594m)

● 중앙선 원주~제천 복선전철사업

- **투자처 위치 –** 강원도 원주시 학성동, 충북 제천시 영천동(41.1km)

- **준공예정일 –** 2018년

- **사업기간 –** 2003~2018년

- **사업비 –** 1조1400억 원

- **사업내역 –** 이 복선전철사업이 완료되면 원주 동화역, 원주역, 신림역 등 원주지역을 관통하는 대부분의 노선과 역사들이 폐쇄되는 대신 남원주역이 신설된다. 서원주~남원주 구간 7.2km와 남원주~봉양~제천 구간 36.8km를 신설한다.

● 춘천~속초선 사업

- **위치** – 강원도 속초시와 춘천시

- **노선** – 춘천~인제~속초(91.8km)

- **사업비** – 3조379억 원

- **완공 시 효과** – 수도권에서 속초까지 1시간 대로 주파 가능

🔴 플라즈마 산업단지 개발

- **투자처 위치** – 철원군 서면, 근남면 일대

- **개발면적** – 516,384m²

- **개발기간** – 2010.3~2013.12

- **개발계획승인일** – 2010.3.19

● 동해~삼척 고속도로사업(18.56km)

- **투자처 위치** – 강원도 동해시 지흥동, 삼척시 자원동, 삼척시 근덕면

- **준공예정** – 2015.12

- **사업기간** – 2009.3~2015.12

- **차로 수** – 4차로

- **출입시설** – 남삼척 나들목(삼척시 근덕면 상맹방리), 삼척 나들목(삼척시 자원동)

- **터널** – 6개소(4522m)

- **교량** – 22개소(3665m)

● 동해선 포항~삼척 철도건설사업

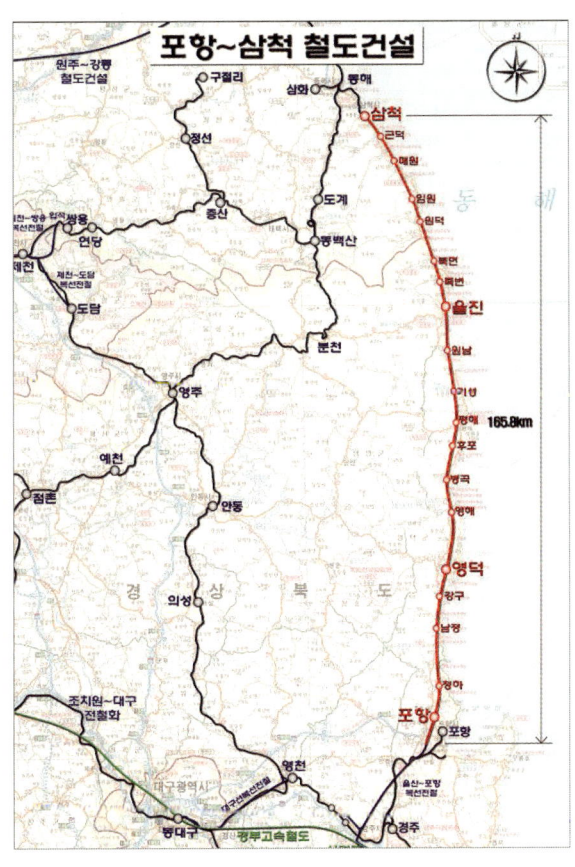

- **투자처 위치** – 강원도 삼척시 사직동, 경북 포항시 북구 대흥동
- **노선** – 포항~삼척(복선전철 7.39km, 단선철도 143.64km)
- **준공예정** – 2018년
- **사업기간** – 2008.3~2018.12
- **사업비** – 2조9396억 원

● 동해선 포항~동해 복선전철사업(173.8km)

- **투자처 위치** – 강원도 동해시 송정동, 경북 포항시 북구 대흥동

- **사업비** – 3조원

- **기간** – 2008~2014년

● 영천~상주간 고속도로 건설

- **투자처 위치 –** 경북 구미시 도개면(상주시 낙동면, 영천시 북안면)

- **개발기간 –** 2008.7~2013.6

- **완공예정 –** 2014년 6월

- **건설비용 –** 2조642억 원

- **사업내역 –** 경부선~대구포항선~중앙선~중부내륙선 등 4개소 고속도로
  와 연계

- **규모 –** 길이 93.9km, 폭23.4m(왕복4차로)

- **사업내역 –** 영천시 북안면~구미시 도개면 6리(14.22km)~장천면 오로리
  (3.45km)~상주시 낙동면, 도개 나들목(월림리), 도개 휴게소(용산리)

🔴 청송 사과 테마파크 조성

- **투자처 위치 –** 경북 청송군 청송읍 일대

- **조성 기간 –** 2011~2013년

- **개발면적 –** 180,150m²

- **비용 –** 50억 원

- **사업내역 –** 5개존 : 휴양＋생태＋청정＋교류＋청정재배촌

    29테마 : 사과단지, 농장형 펜션, 홍보관 등

🔴 포항~울산간 고속도로개설사업

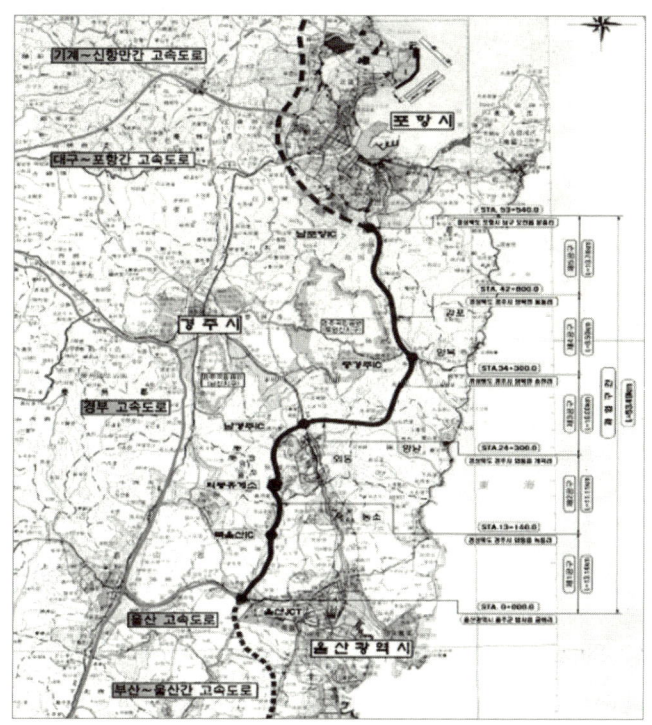

- **투자처 위치 –** 경북 포항시 남구 오천읍 일대

- **사업기간 –** 2009~2013년

- **비용 –** 1조7711억 원

- **규모 –** 길이 53.5km, 폭 23.4m

- **사업내역 –** 울산광역시 범서면~포항시 남구 오천읍 문덕리(울산분기점~
  북울산~외동~동경주 나들목~남포항 나들목), 고속도로(울산~문덕 나
  들목)

🔴 영일만 대교 건설사업

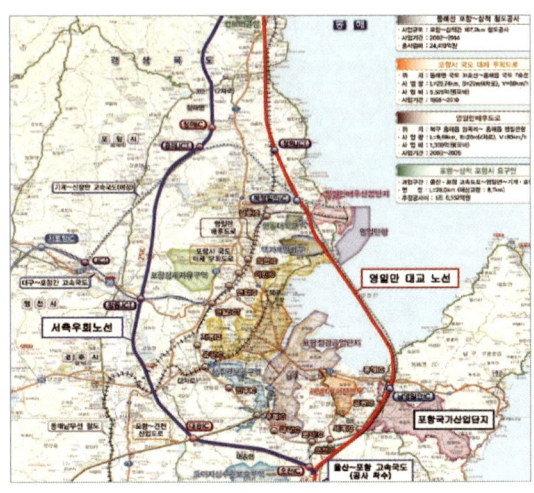

- **투자처 위치** – 경북 포항시 남구 동해면, 포항시 북구 여남동

- **기간** – 2009~2020년

- **비용** – 1조8000억 원

- **사업내역** – 포항~영덕간 동해고속도로 노선에 포함

- **규모** – 길이 9.0km(4차로), 포항~영덕(영일만대교 '남구 동해면~북구 환여동')

- **사업구간** – 길이 57.8km(영일만대교 길이 9.0km)

🔴 낙동대교 민간투자사업(880m)

- **투자처 위치** – 경남 양산시 원동면 일원

- **기간** – 2010~2015년

- **비용** – 1780억 원

- **규모** – 길이 4.8km, 폭 20m, 왕복 4차로

- **교량** – 3개소(1195m) 낙동대교는 880m

- **터널** – 2개소(1515m) 오봉터널은 1230m

- **출입시설** – 원동 분기점 1개소

- **영업시설** – 매리영업소 1개소

● 냉정~부산 고속도로사업

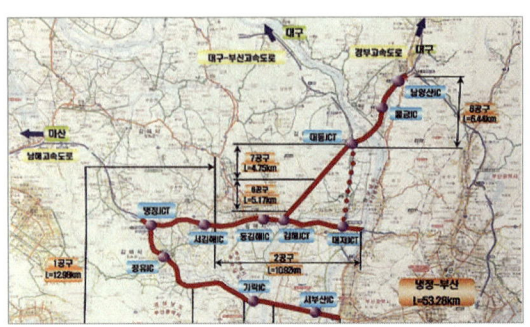

- **투자처 위치** – 경남 김해시 주촌면, 양산시 동면(53.28km)

- **준공예정** – 2013.12

- **사업내역** – 냉정~김해~대동~장유~가락~서부산을 경과하는 고속도로
  사업

- **구간** – 남해선, 남해선의 지선, 중앙선의 지선(냉정~부산간)

- **노선** – 냉정분기점~서김해~동김해~김해분기점~대동분기점~물금~남
  양산

- **사업기간** – 2008.12~2013.12

- **차로 수** – 8차로

- **터널** – 3개소(4678m)

- **교량** – 88개소(10,367m)

● 한산도 그랜드플라워 테마파크 조성

- **투자처 위치** – 경남 통영시 한산면 일대

- **조성 기간** – 2010~2015년

- **조성 면적** – 443,000m²

- **사업비** – 500억 원

- **사업내역** – 세계의 정원, 습지테마원, 예술테마원 등

🔴 밀양 하남일반산업단지 조성

- **투자처 위치** – 경남 밀양시 하남읍 양동리 일대

- **규모** – 102만m²

- **비용** – 1763억 원

- **완공시점** – 2013년

🔴 군장산단 인입철도 건설사업

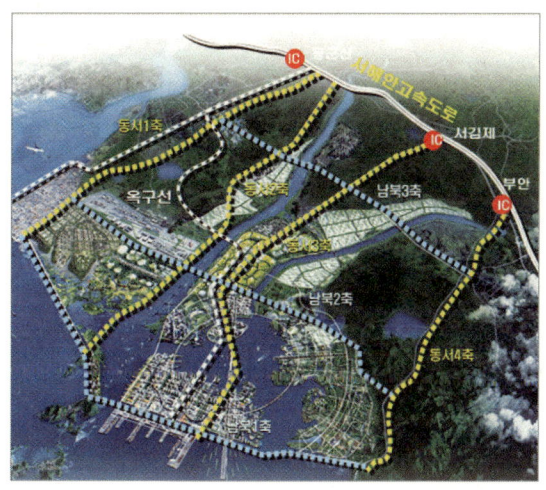

- **투자처 위치 –** 군산시 대야면 일대

- **노선 –** 대야~군장산단(27.9km)

- **준공예정 –** 2016년

- **사업기간 –** 2010~2016년

- **사업비 –** 5430억 원

● 장항선(익산~대야) 복선전철사업(14.3km)

- **투자처 위치** – 전북 익산시 창인동, 군산시 대야면

- **준공예정** – 2018년

- **사업기간** – 2006~2018년

- **사업비용** – 395억 원

- **필요성** – 전라선~장항선 직결 운행 체계 구축

● 담양~성산 고속도로사업(142.9km)

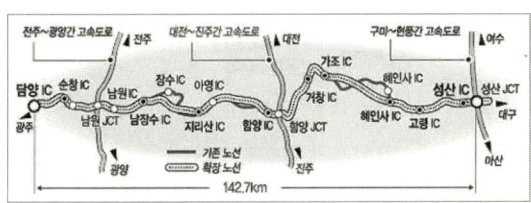

- **투자처 위치 –** 전북 순창군 금과면, 경북 고령군 성산면

- **노선 –** 순창~남원~장수~함양~거창~합천~고령

- **준공예정 –** 2015년 12월

- **구간 –** 88선(담양~성산간)

- **사업기간 –** 2008.11~2015.12

- **차로 수 –** 4차로

- **출입시설 –** 나들목 9개소 ; 순창, 남원, 남장수, 지리산, 함양, 거창, 가조, 해인사, 고령

- **분기점 2개소 –** 남원, 함양

- **터널 –** 26개소(17,615m)

- **교량 –** 139개소(12,728m)

● 여수 경도해양관광도시 개발사업

- **투자처 위치 –** 여수시 경호동 대경도 일대

- **규모 –** 2,166,123m²

- **개발기간 –** ~2016년

- **비용 –** 3366억 원

- **1단계(2013.1) –** 골프장 27홀과 숙박시설 및 기반시설 마무리

- **2, 3단계(2016) –** 골프빌라, 상업시설, 마리나 시설, 호텔, 기업연수원, 테마파크, 레저시설 건설

- **예상효과 –** 2016년 3단계 공사가 마무리 되면 경도에 연간 100만 명 정도의 관광객이 찾을 것이다.

🔴 경전선 광주 송정~순천 사업(113.0km)

- **투자처 위치** – 전남 광주시 광산구 송정동, 전남 순천시 조곡동

- **사업기간** – 2016~2020년

- **사업비** – 2조9515억 원

● 서산 도시형 일반산업단지 조성

- **투자처 위치 –** 충남 서산시 장동, 오남동 일원

- **개발면적 –** 91만8152m²

- **개발기간 –** 2014년 완공예정

- **총사업비 –** 1300억 원

- **구성 –** 산업시설+공공시설+유통지원시설

- **효과 –** 국도29호선과 남부순환로, 동서간선도로, 간월호 관광도로, 시도6
  호선 등의 교차에 의해 교통물류의 중심지 역할을 톡톡히 담당할 것이다.
  시청과 불과 5km 떨어진 지점에 도시형 일반산업단지가 들어선다. 3000
  억 원 상당의 생산유발효과와 4000여명의 고용창출의 효과를 기대하고 있
  다.

● 안면도 국제관광지 조성

- **투자처 위치 –** 태안군 안면읍 중장리, 고남면 장곡리, 누동리 일원

  (지포 · 운여지구)

- **개발면적 –** 약290만2000㎡

- **개발면적 –** ~2016년

- **개발비용 –** 약4019억 원

- **구성 대비 –** 골프장 27홀, 페어웨이 빌라 48동, 테마상가, 글립하우스, 해

  양리조트, 인공비치, 워터파크, 해안빌라, 휴양타운

● 당진 1철강산업단지 조성

- **투자처 위치** – 송악읍 현대제철 당진제철소 인근(송악읍 고대리 일원)

- **규모** – 201만8493m²

- **조성 기간** – ~2016년

- **시행** – 현대제철, 현대하이스코

- **유치업종** – 제1차 금속제조업, 금속가공제품제조업

- **구성요건** – 산업시설용지(71.3%)+도로, 공원, 녹지 등 공공시설용지

  (12.9%)

● 진도 팽목항 개발

- **투자처 위치** – 전남 진도군 임회면 팽목항(연안항), 서망항(국가어항) 일원

- **개발면적** – 57만4701m²

  (진도항 배후지 개발지역으로 지정되어 있고 남해안권 발전 종합계획에 포함된 상태다)

- **개발비용** – 354억 원

- **1단계** – 2015년까지 관광레저산업 기반을 갖춘다

- **2단계** – 2016년부터 2단계로 주거+상업+산업+숙박시설 등 편의시설이 들어선다.

- **3단계** – 2021년부터는 3단계로 테마파크, 휴양, 문화시설사업이 추가된다.

● 완도 농어촌 테마공원 조성

- **투자처 위치 –** 전남 완도군 군외면 달도지구

- **규모 –** 18,640m²

- **조성비용 –** 50억 원

- **준공예정 –** 2013년

- **기대효과 –** 친환경 웰빙공간과 독특한 해양문화자원 연계

● 춘천 레고랜드 조성(=관광레저사업)

중도 레고랜드 테마파크 위치도

서면 / 중도 / 춘천시 / 강원도청 / 춘천시청

- **투자처 위치** – 춘천시 중도, 근화동 일대
- **부지규모** – 119만4000m²
- **비용** – 5683억 원(민관합작사업)
- **사업내역** – 세계적인 어린이형 테마파크인 '레고랜드 코리아 춘천'이 조성된다.
- **구성** – 레고랜드, 호텔, 워터파크, 테마 빌리지, 페스티벌마켓(문화 상업공공시설이 조화된 관광자원개발)
- **기대효과** – 연간 200만 명의 관광객과 연간 지방세수 44억 원을 기대한다.

● 춘천 봉명 일산산업단지 조성

- **투자처 위치 –** 춘천시 동산면 봉명리 산174번지 일원
- **면적 –** 54만㎡ (기업용 부지와 녹지, 도로, 상하수도 등의 기반시설을 갖춘 산업단지 조성)
- **투자비용 –** 560억 원

⬤ 포천 의료관광복합단지 조성

- **투자처 위치 –** 포천시 동교동 산32번지 일대

- **규모 –** 36만8000m² (의료 목적의 요양+관광 목적의 휴양)

- **구성 –** 메디컬파크+힐링파크+스포츠문화센터와 연구소

- **조성 기간 –** ~2017년

● 용인 덕성산업단지 조성

- **투자처 위치** – 덕성1단지(처인구 덕성리 417-1번지 일원), 덕성2단지(처인구 덕성리 산10번지 일원)
- **덕성1단지 규모** – 101만5635m²
- **덕성2단지 규모** – 36만5000m²
- **조성 기간** – ~2014년 말

● 안성 대규모 물류단지 조성(=최첨단 복합물류단지)

- **투자처 위치** − 안성시 공도읍 진사리 일대

- **조성 기간** − ~2014년

- **규모** − 50만m²

- **개발비용** − 4020억 원

● 상계동~남양주 덕송간 도로개설 사업

- **투자처 위치** – 노원구 상계동에서 경기도 남양주시 덕송리를 잇는 왕복 4 차로 도로 사업이 2013년 완공 목표로 진행 중이다.

- **규모 · 개발비용** – 총길이 2.4km(1.8km 터널 포함)에 총사업비용은 650억 원이 소요된다.

- **효과** – 2013년 상계동~남양주 덕송간 4차선 광역도로가 신설되면 수도권 동북부지역 광역도로망이 형성되어 경기도와 강원지역을 오가는 통행시간을 단축시킬 수 있다. 화랑로 등 주변도로 교통정체가 완화될 것이다. 노원구 상계 재정비촉진지구와 남양주시 별내지구 등 대규모 택지개발에 따른 교통량도 분산되어 지역 간의 통행이 원활해질 것이다.

아파트 투자로 잃은 미소 땅에서 찾아라

초판 1쇄 인쇄   2012년 7월 13일
초판 1쇄 발행   2012년 7월 20일

지 은 이   김현기
펴 낸 이   방은순
펴 낸 곳   도서출판 프로방스
북디자인   DesignDidot 디자인디도
마 케 팅   최문섭

주   소   경기도 고양시 일산동구 백석2동 1330번지
           브라운스톤일산 102동 913호
전   화   031-925-5366~7
팩   스   031-925-5368
E - m a i l   Provence70@naver.com
등록번호   제313-제10-1975호
등   록   2009년 6월 9일
I S B N   978-89-89239-67-3 (03230)